本书由教育部人文社会科学研究一般项目"高质量现代
多元协同机制构建研究"（课题编号：22YJC880098）

U0518909

义乌自贸区
直播电商产业
综合发展策略与展望

杨剑钊　朱景伟 —— 著

知识产权出版社
全国百佳图书出版单位
—北京—

图书在版编目（CIP）数据

义乌自贸区直播电商产业综合发展策略与展望/杨剑钊，朱景伟著. —北京：知识产权出版社，2025.4. —ISBN 978-7-5130-9919-6

Ⅰ. F713.365.2

中国国家版本馆 CIP 数据核字第 2025UW0691 号

内容提要

本书从全国直播电商产业的发展背景与现状入手，深度剖析义乌直播电商面临的困境与难题，结合义乌自贸区相关政策文件与国内典型城市的对比，梳理其直播电商产业提质升级的困境，并从法律法规、数字治理、品牌建设、布局跨境电子商务、规范人才培养等维度，特别针对义乌自贸区的特色与优势，提出"直播城"建设规划，为义乌市、浙江省乃至全国直播电商产业集聚发展提供建设思路与政策建议。

本书适合直播电商行业相关管理者及从业人员参考。

责任编辑：彭喜英　　　　　　　　　　责任印制：孙婷婷

义乌自贸区直播电商产业综合发展策略与展望

YIWU ZIMAOQU ZHIBO DIANSHANG CHANYE ZONGHE FAZHAN CELÜE YU ZHANWANG

杨剑钊　朱景伟　著

出版发行：知识产权出版社 有限责任公司		网　　址：http://www.ipph.cn	
电　话：010 - 82004826		http://www.laichushu.com	
社　址：北京市海淀区气象路 50 号院		邮　　编：100081	
责编电话：010 - 82000860 转 8539		责编邮箱：laichushu@cnipr.com	
发行电话：010 - 82000860 转 8101		发行传真：010 - 82000893	
印　刷：北京中献拓方科技发展有限公司		经　　销：新华书店、各大网上书店及相关专业书店	
开　本：720mm×1000mm 1/16		印　　张：13	
版　次：2025 年 4 月第 1 版		印　　次：2025 年 4 月第 1 次印刷	
字　数：201 千字		定　　价：68.00 元	

ISBN 978-7-5130-9919-6

前　言

　　中国自由贸易试验区（简称自贸区）是中国政府为推动更高水平的对外开放、深化改革和促进经济发展而设立的特殊经济区域。自 2013 年首个自贸区在上海市成立以来，中国自贸区的数量和范围不断扩大，目前已覆盖全国多个省份，是中国参与全球经济治理、推动经济全球化的重要平台。随着"一带一路"倡议的推进和《区域全面经济伙伴关系协定》（RCEP）的签署，自贸区在促进区域经济一体化和国际贸易中的作用日益凸显，为中国乃至全球经济增长注入了新动力。义乌自贸区是中国浙江省内的一个重要经济开放区，自 2014 年设立以来，已成为中国对外贸易的重要窗口和国际贸易综合改革试验区。义乌自贸区依托其独特的市场优势和完善的物流体系，积极推动贸易和投资自由化便利化。目前，义乌自贸区正通过优化营商环境、扩大市场开放、加强国际合作等措施，吸引更多的外资企业和国际品牌入驻。同时，义乌自贸区也在积极发展直播电商等新模式和新业态，以适应全球化贸易的新趋势。依托强大的供应链和物流优势，义乌自贸区吸引了大量直播电商企业和网红主播入驻，形成了直播电商的集聚效应。

　　本书根据对义乌自贸区的深度调研和访谈，从全国直播电商产业发展背景与现状入手，深度剖析义乌直播电商面临的困境与难题，结合义乌自贸区相关政策文件与国内典型城市的对比，梳理义乌自贸区直播电商产业提质升级的困局，力图通过招商政策改革实现破局。本书通过缜密思考和精心设计，为义乌自贸区直播电商产业发展提供政策建议和升级策略，其中涵盖法律法规、数字治理、品牌建设、布局跨境电商、规范人才培养等多个维度，特别针对义乌自贸区的特色与优势，提出"直播城"建设规划，为义乌市、浙江省乃至全国直播电商产业集聚发展提供建设思路与参考。本书在撰写过程中得到义乌自贸区管委会大力支持，在此特别感谢。

目　　录

义乌自贸区直播电商产业综合发展策略与展望

第一章

绪 论

　　建设自贸区是以习近平同志为核心的党中央在新形势下全面深化改革、扩大开放的重大战略举措。推进义乌自贸区国际小商品自由贸易中心、数字贸易创新中心建设，探索适应小商品贸易数字化发展的新型贸易方式，形成万亿级贸易规模，是中共中央、国务院及浙江省委、省政府赋予义乌市的一项重要任务，也是义乌市深入推进"一二三发展战略"的新机遇。

　　直播电商是数字贸易创新的重要内容，了解义乌自贸区直播电商现状、挑战等信息可更好地贯彻落实中共中央、国务院关于发展新质生产力和数字经济的重要部署，有利于义乌自贸区培育直播电商新经济，促进传统产业提质增效，推动义乌市经济高质量发展。

第一节　直播电商产业发展现状

一、全国直播电商产业现状

近年来，随着互联网技术的不断进步，我国直播电商产业蓬勃发展。网络直播带货行业是近年来互联网领域的一大风口，它利用网络直播平台和社交媒体，将主播、商品和消费者连接起来，形成了一种新型的电商模式。❶ 依据中国产业研究院统计数据，2022 年中国网民利用短视频或社交平台进行网购的比例高达 72%，与上年同期相比增幅高达 6%，与此同时，传统电商平台（淘宝、京东等）的增速仅为 1%。淘宝早在 2020 年就诞生了近 1 000 个销售额过亿元的直播间。直播购货逐渐成为仅次于传统电商平台的第二大网络购物方式。直播电商因具有强互动性、强感染力等特点，自 2017 年起发展迅速。根据艾瑞咨询的数据，中国直播电商市场规模由 2019 年的 4 168 亿元，增长至 2023 年的 4.9 万亿元，复合年均增长率高达 85.3%，2023 年同比增速为 35.2%，尽管增速相较于行业发展早期出现一定下滑，但从 2023 年的市场表现看，行业依旧在释放增长信号。可以看出网络直播带货已经成为电商行业的重要增长点和创新引擎。

---

❶ 党君,马俊树.网络直播 App 使用行为对线上购买意愿的影响机制研究[J].新闻大学,2021(5):95-105,124-125.

1. 直播电商用户持续攀升

直播电商已经成为电商行业的新业态，其发展速度之快和影响力之广令人瞩目。通过实时互动、主播与观众的沟通交流，能够更好地满足消费者的需求和体验，同时通过去中心化的消费模式，让更多中小国货品牌被看见、被发现、被体验、被穿戴上身，助力中国原创设计普及、中高端供应链国产化。❶近年来，中国直播电商用户规模增长较快，据统计，2018—2022年我国直播电商的用户规模分别为2.20亿人、2.50亿人、3.70亿人、4.30亿人、4.70亿人（图1）。根据《中国互联网发展报告》，截至2023年年末，中国直播电商用户规模达到5.97亿人，直播购货日益成为中国居民网购商品的重要途径之一，未来伴随直播电商用户规模的持续增长，直播电商行业流量池将进一步扩容。

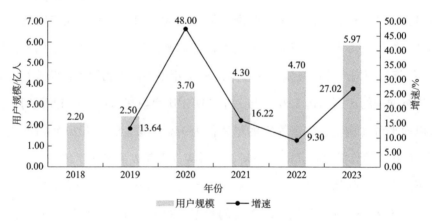

图1 2018—2023年中国直播电商用户规模及增速

2. 直播电商交易规模高增速扩张

直播电商以低成本、高转化率等优势备受商家青睐，市场规模增长显

---

❶ 龙腾飞. RCEP背景下中国跨境直播电商发展竞争力分析——基于波特的钻石模型[J]. 现代商业, 2024, 11(24): 16-19.

著，仅用四年就完成万亿元交易额增长。根据中国互联网经济研究院公布的直播电商行业交易规模来看，中国直播电商行业交易规模由 2018 年的 1 354.1 亿元增长至 2023 年的 49 168.4 亿元，增长约 35 倍，2023 年同比增速为 35.2%（图 2）。艾瑞咨询预计，2024—2026 年中国直播电商市场规模的年复合增长率为 18.00%，直播电商行业未来将逐渐步入平稳增长及精细化发展阶段。

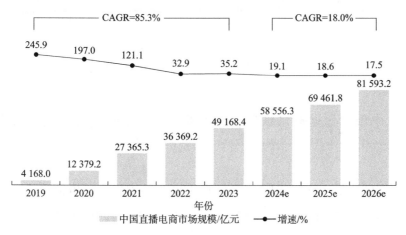

图 2　2019—2026 年中国直播电商行业交易规模及增速

注："e"表示预测的数据。

3. 直播电商企业注册数量加速扩容

根据企查猫数据，近年来中国直播电商企业注册数量加速扩容。2021 年中国规模以上直播电商企业注册数量达 17 773 家，同比上年增速为 163.89%，达到近几年来的顶峰。2022 年中国直播电商企业注册数量达到 41 903 家，年注册量持续攀升。2023 年，中国直播电商企业注册数量达到 84 309 家（图 3）。整体来看，中国直播电商企业数量呈现井喷式上升态势，直播经济迅速崛起。

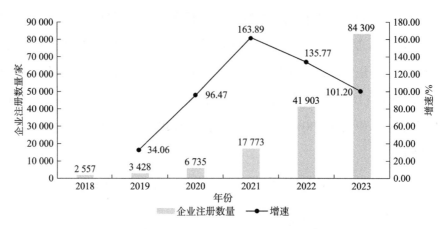

图 3 2018—2023 年中国直播电商企业注册数量及增速

4. 中国直播电商以服饰、日用百货、美食和美妆等大众消费品为主

根据微播易、蝉妈妈联合发布的《2023 年中国直播电商机会洞察报告》，用户对于直播电商的购物偏好呈现三大梯队。其中，以服饰、日用百货、美食、美妆为第一梯队，超过 50% 的直播电商用户偏好在直播电商平台购买服饰、日用百货、美食、美妆。第二梯队主要包括家电、游戏产品、书籍文具。虚拟产品或服务、珠宝及其他为第三梯队（图 4）。

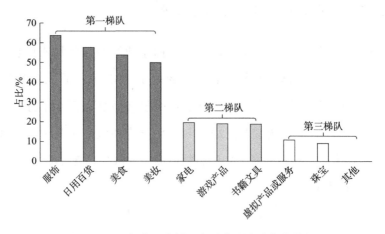

图 4 2023 年中国直播电商平台用户购物类偏好

5. 直播电商模式多样化

近年来，直播电商行业在各级政府的大力扶持下，依靠供应链、产业基地、产业链、网红生态等支撑，其发展模式逐渐多样化，目前比较成熟的模式主要有杭州模式、深圳模式、青岛模式、义乌模式等。具体来看，杭州的直播电商模式主要采用的是"数字总部经济+网红经济+直播带货"方式，杭州市是我国直播电商的发源地，是中国直播之都，杭州直播电商的主播数位列全国第一。近年来杭州数字化发展迅速，网红经济兴起，加之电商龙头企业阿里巴巴的坐镇，吸引着全国各地的直播电商人才聚集杭州。深圳市的直播电商模式主要采用的是"制造产业园+直播基地+直播带货"方式，深圳市非常注重制造业的培育和招商引资及品牌的建设，同时创建并成功运营各大直播电商产业园，直播电商产业基地遍布各区，现代化先进制造业和品牌效应支撑深圳直播电商持续健康发展。青岛市是"产业链+直播基地+直播带货"方式，青岛市拥有雄厚的品牌资源和强大的产业集群，一些商业综合体、制造业头部企业纷纷加入直播电商行业，为青岛直播电商产业的发展夯实了基础。义乌市直播电商模式主要采用的是"供应链+直播带货"方式，义乌市是中国最大的小商品集散地，也是全球小商品百货的批发市场。义乌小商品品种繁多，已涵盖全球商品的80%以上，且义乌小产品价格低廉。同时，义乌市是国家性物流枢纽、国际陆港城市，现已建成"海陆空、铁邮网、义新欧、义甬舟"等多维一体的综合物流体系。目前，国内已形成的四种模式是当地政府引导较多且较成熟的模式。各地政府积极结合当地的自身优势和不足，通过布局产品供应链、完善上下游产业链、建设直播基地等方式支持直播电商业的发展。

6. 直播电商产业链结构

直播电商行业的上游主要包括各类商品供应商（厂商、品牌商、经销商、原产地等）；中游为直播服务商（物流、技术、综合服务和生活配套服务等），渠道平台（内容、社交和电商平台），主播（店铺、达人和明星）和 MCN 机构（多频道网络服务商）；下游需求端主要为消费者（图5）。其中，中游直播服务商主要的头部企业分别如下。

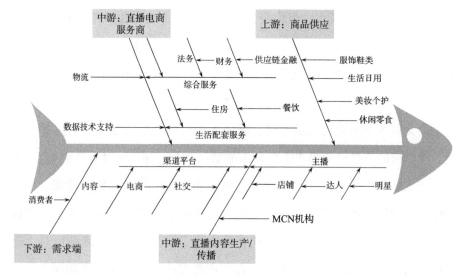

图 5 直播电商产业链鱼骨图

直播电商平台主要包括唯品会直播、小红书直播、抖音、快手、京东直播、视频号、淘宝直播、拼多多直播、哔哩哔哩等。

知名主播主要包括辛有志、罗永浩、董宇辉等。

MCN 机构主要包括谦寻、辛选、遥望科技、交个朋友、东方甄选、美腕、宸帆、无忧传媒、泰洋川禾、大禹文化、蜂群文化等。

7. 各地直播电商产业蓬勃发展

据不完全统计，从 2020 年至今，北京市、上海市、深圳市、广州市、杭州市、厦门市、郑州市等多地出台政策助推直播电商产业发展。在大力推进数字化建设的背景下，各地直播电商产业蓬勃发展，积极采用新技术、新模式，为千行百业赋能。2020 年 12 月，淘宝直播联合淘榜单依据各城市中直播商家、主播、直播机构的数量、表现等综合性数据，结合当地针对直播产业的政策力度，综合评选出"中国 2020 十大直播之城"，分别是广州市、上海市、杭州市、北京市、金华市、佛山市、苏州市、东莞市、重庆市、成都市。2023 年年末，主要城市电商直播产业相关数据见表 1。

表 1　2023 年年末主要城市直播电商产业数据对比

城市	主播人数	直播基地/个	带货场次/万场	网络零售额/亿元
杭州市❶	5 万余人	10	—	10 496.30（2022 年）
深圳市❷	9 200 余人	10	296.5（2022 年）	1 649.20（2022 年）
上海市❸	5.23 万余人	12	—	4 371.00
郑州市❹	2 500 余人	27	—	3 665.50（2022 年）
重庆市❺	3 万余人	6	15.1	2 066.80
义乌市	1.2 万余人	20	68.3	4 423.67

注：数据后含"（2022 年）"表示该数据为 2022 年数据，数据来源如脚注所示。

截至 2023 年年末，全国主要直播电商企业共有 117 家，其中，浙江省直播电商公司数量最多，有 42 家，占比 35.9%；其余依次为北京市（24家）、广东省（19 家）、上海市（11 家）、江苏省（6 家）、四川省（4 家）、湖北省（3 家）、安徽省（3 家）、湖南省（3 家）、海南省（2 家）。❻

---

❶　杭州平均每 244 个人就有一个主播平台经济打造就业"蓄水池"[EB/OL].[2024－05－30]. https://hznews. hangzhou. com. cn/jingji/content/2024－03/13/content_8700443_2. htm.

❷　直播电商行业处于全国第二梯队，深圳如何破局[EB/OL].[2024-05-30]. https://new. qq. com/rain/a/20230705A07HLA00.

❸　2023 年上海拥有超 5.23 万个活跃直播间直播零售额同比增长超 20%[EB/OL].[2024-05-30]. https://fddi. fudan. edu. cn/3e/39/c18985a671289/page. htm.

❹　郑州新消费产业园区揭牌运营河南直播电商节来了[EB/OL].[2024-05-30]. http://henan. people. com. cn/n2/2023/0921/c351638-40578662. html.

❺　2023 年，重庆电商零售额同比增长 22.8%[EB/OL].[2024-05-30]. https://city. sina. cn/finance/2024-06-08/detail-inaxznxc2594776. d. html.

❻　直播电商三大动向：主播买地盖楼迎来"强监管"[EB/OL].[2024-07-25]. https://mp. weixin. qq. com/s/YdpruRyZJ1G4V6TDT5nENQ.

二、直播行业新趋势

1. 品牌商多平台布局直播电商，驱动全渠道整合与监测的需求增长

随着新兴电商平台的兴起，品牌商基于全渠道营销战略积极在多平台布局直播电商业务以捕捉各渠道的消费者，但品牌商在多平台运营过程中会面临运营成本提升、数据聚合难及价格管控难等痛点（图 6）。基于以上痛点，品牌商亟须借助数字化手段实现全渠道整合与监测，进一步提升自身在各平台布局直播电商业务的运营效率。

平台规则差异导致运营成本提升	多平台直播销售导致价格管控难度提升
各平台的直播电商经营规则（如直播间商品描述与内容规范、禁止展示的商品类型等）及流量分发机制存在差异，品牌商需承担搭建各平台运营团队的成本或支付直播代运营的费用等	品牌商

多平台直播数据聚合难	价格A　价格B　价格C　价格D　价格E
数据 数据 数据 → 受制于不同电商平台的数据格式、结构及统计口径不同，品牌商难以对多平台直播数据进行整合，进而影响各平台直播资源投入等策略的制定	各平台官方补贴力度及平台直播间营销玩法不同导致商品到手价可能存在较大差异，造成品牌商价格体系混乱。若品牌商价格管控缺位，易影响品牌信任度与消费者利益等，因此品牌商亟须通过数字化手段实时监测各平台直播间的商品到手价，以避免影响品牌价值

图 6　品牌商多平台布局直播电商的主要痛点分析

2. 店播趋势显著，2023 年市场规模占比超五成

头部达人自身具备高流量特征，能够以提升商品销量为支撑向品牌商争取较大的让利空间，若头部达人持续压低商品销售价格，会导致品牌商产品利润空间被压缩且品牌商需为头部达人支付较高的佣金与坑位费成本。因此，在电商直播头部达人屡受风波、平台陆续发布鼓励店播的流量机制及品牌商降本需求显现等多重因素下，品牌商的店播趋势逐渐显著，2023

年品牌商店播的市场规模占比为 51.8%（图 7）。但在店播过程中，品牌商常因缺乏直播经验等问题导致直播效果不及预期，或需借助外部机构以不断优化店播运营策略。

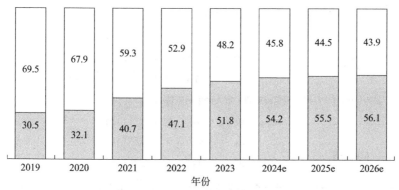

图 7　2019—2026 年中国直播电商店播与达人播的市场规模占比

3. 消费者在形成购买决策时会考虑多重因素，导致品牌商难以精准捕捉消费者的多元化需求

社会心理学家佩蒂和卡乔波（Petty，Cacioppo）认为消费者的动机和能力会影响信息加工。当处理信息的动机和能力强时，消费者更倾向于在努力搜集和精细加工信息后进行购买决策。[1] 从一级维度看，消费者在购买商品时会根据"产品质量/功能、品牌、情感联系及价格"等维度形成决策，且消费者对于不同品类所考虑的一级维度会存在优先度差异。从二级维度看，消费者的考虑因素在不同品类下同样存在优先度差异，如在"品牌"维度下，消费者购买非食品的商品更加看重品牌的知名度，而购买食品时更加看重品牌的可靠度（图 8）。综合来看，消费者在制定购买决策时会考虑多重因素，对所购买的商品存在多元化需求，因此若品牌商难以精准捕捉消费者需求，会导致直播的销售转化效果不佳。

---

❶　PETTYRE，CAClOPPO J T. The elaboration likelihood model of persuasionyl［J］. Advances in Experimental Social Psvchology，1986(19) :123-205.

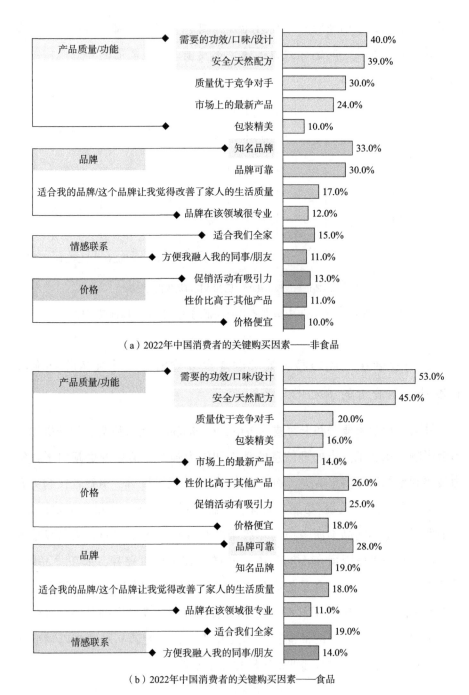

（a）2022年中国消费者的关键购买因素——非食品

（b）2022年中国消费者的关键购买因素——食品

图8　消费者关键购买因素

4. 消费者逐渐关注产品知识

主播专业性是主播所具有的并向消费者传播的相关知识、经验或技能等。❶ 麦金尼斯（Mcginnies）发现，销售人员对产品的专业知识越了解，越容易赢得消费者的信任❷，消费者更倾向于接受专业能力较强的信息传播者的建议❸。依据艾瑞咨询统计，中国网民在抖音与快手观看直播电商达 5 635.3 亿人次，其中，购买转化率达 4.8%。"内容种草"逐渐成为影响消费者购买决策的重要因素。随着"叫卖式"的直播电商方式冷却，消费者逐渐重视产品知识的介绍。据艾瑞咨询调研，78.1% 的消费者在观看直播电商环节中，注重产品知识的介绍（图 9）。因此，直播间需对产品的具体细节、来源、适用人群及使用场景等方面展开详细介绍且需产出与产品调性关联度较高的营销文案以优化产品介绍形式，进一步提升消费者在直播间的观看体验并提升直播间转化率。

5. 搭乘生成式 AI 技术东风，积极布局数字人主播以补充品牌商店播角色

数字人借助 AIGC 能够与用户实现交互，因此具备低成本特性的数字人主播逐步受到开展店播的品牌商的青睐。从品牌商使用数字人的情况看，主营非标品的品牌商与头部品牌商较少使用数字人主播，其原因为以上品牌商在搭建与训练数字人主播方面的成本较高，其投入产出可能不及预期。核心直播电商服务商多通过外采数字人主播或与数字人技术供应商合作以布局数字人主播业务，但前者的数字人主播易出现技术与业务分离的现象，

---

❶ 刘凤军,孟陆,陈斯允,等.网红直播对消费者购买意愿的影响及其机制研究[J].管理学报,2020(1):94-104.

❷ MCGINNIES E. lnitial atitude,source credibility,and involvement as factors in persuasion7[J]. Lournal of Experimental Social Psychology,1973,9(4):285-296.

❸ BANSAL H S,VOYER P A. Word-of-mouth proceses within a services purchase decision context 1[J]. Lournal of Service Research,2000,3(2):166-177.

而后者的数字人主播能贴合直播电商运营方法，实现精细化迭代以高效赋能品牌店播。

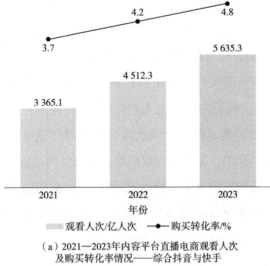

（a）2021—2023年内容平台直播电商观看人次
及购买转化率情况——综合抖音与快手

注：购买转化率=购买人次/观看人次

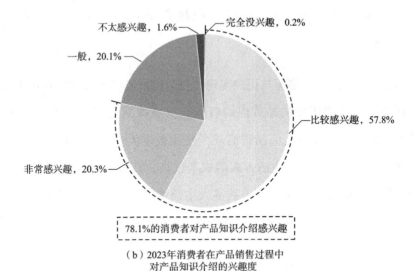

（b）2023年消费者在产品销售过程中
对产品知识介绍的兴趣度

图9 直播电商购买转化率及消费者在产品销售过程中对
产品知识介绍的兴趣度

6. 重视数字化柔性供应链建设以辅助品牌商精准聚焦消费者需求

直播电商率先通过缩短销售链路环节提升了供应链效率，但随着消费者的多样化需求持续释放，单侧的推式供应链已无法完全满足消费者的购物需求。在此背景下，如何提升供应链效率、满足消费端多样化需求成为从业者构筑竞争力的关键要素。核心直播电商服务商运用自身技术能力打造数字化柔性供应链，辅助品牌商提升产品迭代效率并精准聚焦消费者需求（图 10）。

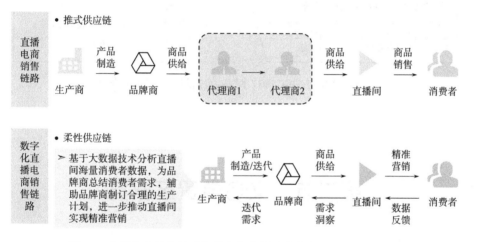

图 10 直播电商销售链路与数字化直播电商销售链路的对比示例

7. 引入新技术增加商品信息与用户的触点，并借助大模型实现商品卖点智能化生产

核心直播电商服务商通过引入 VR 全景直播、4K/8K 高清直播及 5G 实时云渲染等新技术增加商品信息与用户的触点，推动消费者全方位地了解商品以提升购物转化率。此外，具备自动化等特性的 AIGC 技术能够结合商品特点及直播间粉丝人群画像等多维度智能化生成商品卖点文案，服务商的内容运营人员能够通过大模型所生成的文案进行迭代优化，这会明显提升服务商内容创作的效率与质量（图 11）。直播影像的实时传送有利于促进虚拟世界与现实世界的有机融合。❶

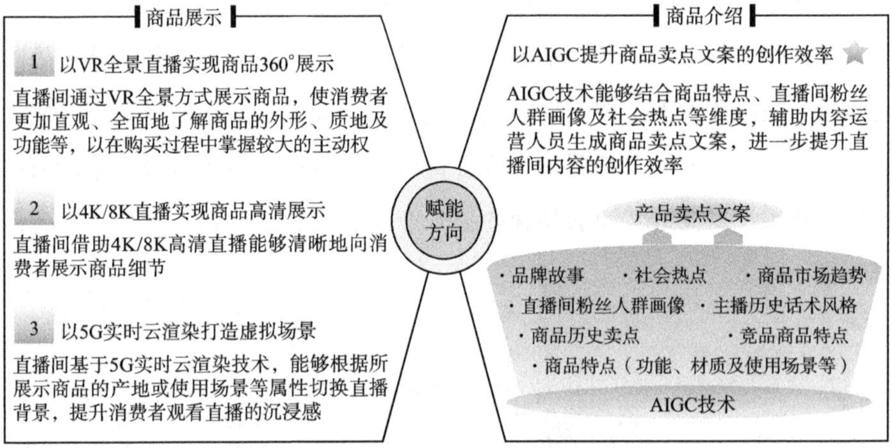

图 11　VR 与 AIGC 等技术赋能直播间商品展示与介绍

第二节　义乌自贸区概览

2019 年，义乌国际贸易综合改革试验区管委会挂牌。从国际贸易综合改革试点升级为国际贸易综合改革试验区，义乌市将在更大范围、更深领域进行现代商贸流通体系和国际贸易机制的改革探索和突破。浙江省委、省政府印发的《义乌国际贸易综合改革试验区框架方案》明确，推动义乌国际贸易综合改革试点向国际贸易综合改革试验区转变和深化，并设立试

---

❶　范岳亚.“直播自习室”:新媒介技术下的空间组合与超人际互动[J].重庆文理学院学报(社会科学版),2020(6):86-95.

验区管委会作为省政府派出机构，赋予与设区市同等的经济社会权限、省级权限范围内改革开放最大自主权。《义乌国际贸易综合改革试验区框架方案》显示，义乌国际贸易综合改革试验区重点聚焦"一个核心、四大板块、五大创新、八大突破"，即围绕大宗贸易自由化便利化这一核心，出口、进口转口、科创、产业共建四大板块，实施空间区域、管理体制和开发模式、规划布局、资源要素配置、政策五大创新，重点推进创新发展进口出口转口、探索数字贸易发展、高端制造发展、跨境金融贸易发展、区域合作发展等八大领域的突破。作为推动"八八战略"再深化、改革开放再出发的重大战略举措，义乌国际贸易综合改革试验区是国际贸易综合改革试点的升级版。建设试验区对于推进浙江省新一轮开放、带动大湾区南翼开发具有重要意义，对义乌发展意义尤为重大。试验区是综合改革试点的系统集成地，其通过国际贸易便利化改革、投资便利化改革、贸易金融改革等一系列重大体制机制创新，加强改革集成、优化政策组合。试验区将成为营商环境最优地之一，为浙江省全面深化改革探索新路、积累经验、作出示范。试验区是扩大开放的重要窗口，通过建设新型保税港区、跨境电商综试区等一系列重大平台，丰富拓展"义新欧""义甬舟"开放大通道功能，扩大对内对外开放。试验区将巩固义乌"一带一路"枢纽城市地位，为统筹国际国内两个市场、两种资源提供鲜活样本。据悉，试验区将以供给侧结构性改革为主线，做强市场和贸易这一最大特色优势，坚持"改革+开放、市场+制造、传统+新型"发展道路。具体来说，试验区将对标自贸区，以大宗贸易自由化便利化和国际贸易高质量发展为方向，主动融入和服务"一带一路"，创新组织形态、集聚主导业态、优化综合生态、突出作风状态，构建陆海联动开放型经济新体制，最终向国际自由贸易港迈进。试验区给义乌带来以下三大红利。

（1）允许先行先试。试验区将围绕"自由贸易"，在进口、出口、转口等板块发力，创新贸易和投资自由化便利化体制机制，探索新型保税港区等建设，推动市场、制造、物流和金融服务、研发设计等联动创新。试验区将实行改革备案制，允许本着法律精神积极先行先试，成为开放度、自由度最高的开放高地之一。

（2）充分给予授权。浙江省委、省政府大力支持义乌深化改革开放，支持设立义乌国际贸易综合改革试验区管委会，作为省政府派出机构，全面赋予国际贸易改革领域省级权限。支持出台义乌国际贸易综合改革试验区条例。

（3）赋予发展空间。试验区将完善区域协调发展机制，推进空间区域创新。积极争取国家层面支持，解决义乌的发展空间问题，合理调整试验区建设用地总规模，优化空间布局，保障重大项目建设用地等。

义乌自贸区的功能定位之一是建设国际小商品自由贸易中心、数字贸易创新中心，探索适应小商品贸易数字化发展的新型贸易方式，形成万亿级贸易规模。到 2035 年，义乌自贸区将构建完善的现代商贸流通体系和国际贸易机制，实现贸易增长和动能提升、现代流通和先进制造、金融服务和实体经济良性循环，建成高水平世界"小商品之都"。

第二章

金华直播电商现状

第一节　金华市直播企业分布现状

作为传统电商起步较早的地区，金华市具有鲜明的先发优势。在"十三五"期间，全市网络零售额增长了 167%，年均增幅超 30%；获批金华、义乌两个跨境电商综合试验区，是全国唯一拥有"双综试区""双综保区"的地级市；6 个县（市）获评全国电子商务进农村综合示范县，示范县总数和激励资金总额居浙江省第一位，成为全国唯一一个拥有两个正向激励县（义乌、永康）的地级市；培育淘宝村 519 个，总数居全国第二位、浙江省第一位；电商示范村、农村电商示范服务站点创建稳居浙江省第一位；7 个县（市、区）入围全国"直播百强地区"，直播电商总数位列全国第三，跻身全国淘宝直播十强城市；在直播电商领域开创了四个第一，即成立全省首个直播电商学院、发布首本国家级电商直播教材、开发全国首个电商直播专项职业能力考核规范标准、颁发全国首本"电商直播专项能力"证书。

本书以"天眼查"为数据来源，以"直播"为搜索关键词，搜索范围限定为公司名称、公司描述、经营范围，搜索条件限定为"续存/在营"，获取直播电商公司整体数据，并对地域分布、行业分布等情况进行分析。

一、整体规模大，但与头部地区差距大

截至 2025 年 3 月，金华市拥有 3 436 家电商公司，广州市、深圳市拥

有 3 万余家，临沂市则拥有 9 564 家（图 12）。在浙江省，金华市直播电商数量排名第三位，但与第二位宁波市、第四位嘉兴市、第五位温州市之间差距并不大（图 13）。尽管金华市作为"电商强市"，是中国电子商务十强城市，但仍主要聚焦在传统电商，如淘宝、拼多多、京东等平台，直播电商尽管发展趋势强劲，但未成为金华电商的主流模式。

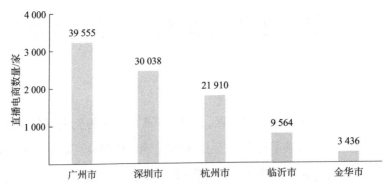

图 12　全国代表城市直播电商数量

（数据来源：天眼查）

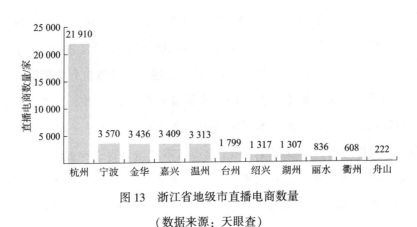

图 13　浙江省地级市直播电商数量

（数据来源：天眼查）

二、金华市内分布不均且地域特色显著

金华市内的义乌、永康、武义、东阳、浦江、兰溪、磐安 7 个县（市）

均入围"全国电子商务发展百佳县";义乌市被评为国家电子商务示范城市,义乌市、金义新区(金东区)入围首批省级"电子商务示范县(市、区)";金华市共建成国家级电子商务产业示范基地4个、省级电子商务产业示范基地3个、省级直播电商基地8个,但在直播电商领域,金华市的义乌、东阳直播电商公司数量远超其他区(县),分别拥有1 508家、717家(图14)。

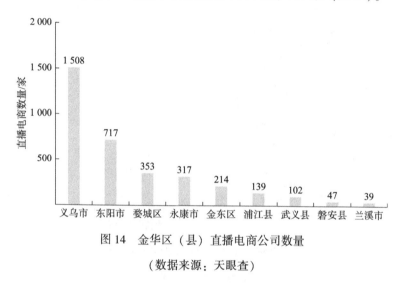

图14　金华区(县)直播电商公司数量

(数据来源:天眼查)

具体到行业领域,金华市排名前三的行业分别是文化、体育和娱乐业,批发和零售业,信息传输、软件和信息技术服务业(图15)。其中,文化、体育和娱乐业对应影视、娱乐直播公司,或纯粹直播公司,批发和零售业对应服务产品销售的直播,信息传输、软件和信息技术服务通常指直播服务公司。如图16、图17所示,结合义乌和东阳的直播电商公司行业分布不难发现,义乌的"批发和零售业",东阳的"文化、体育和娱乐业"分别位居第一,与本地的产业对应。

三、产业链特色显著,但个体规模较小

淘宝发布的全国首批23条百亿级数字化产业带中,金华市占据5条,数量居全国地级市之首，数量庞大的供应链企业为电子商务产业发展提供了基本的产品支撑（表2）。天眼查数据表明，在388家经营范围提供"供应链"服务的直播电商中，仅有47家规模为中型，其他均为小微型企业，金华市企业小散现象明显。

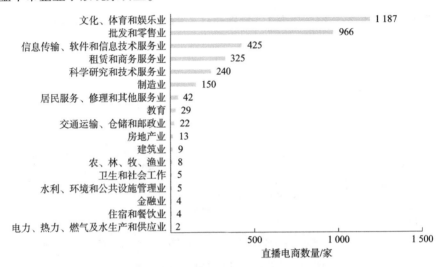

图15　金华区（县）直播电商公司行业分类

（数据来源：天眼查）

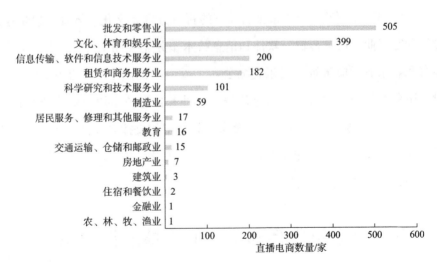

图16　义乌直播电商公司行业分类

（数据来源：天眼查）

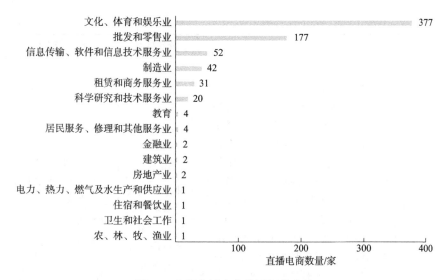

图 17　东阳直播电商公司行业分类

（数据来源：天眼查）

表 2　金华产业带分布

产业带	简介	分布区域	产业带专区
小商品产业带	全球最大的小商品之都，以义乌市场为中心，16 个大类、4 202 个种类、33 217 个细类、170 万个单品；7.5 万个优质商户，背后关联 210 多万家中小企业；销往 230 多个国家和地区，市场外向度 60% 以上，如全球有 2/3 的圣诞产品来自义乌。该产业带的优势在于产品种类繁多、价格具有竞争力，并且拥有完善的物流和贸易配套体系	以义乌为中心	阿里国际站义乌小商品专区、速卖通品牌专区、虾皮平台义乌、抖音金华义乌秒杀节、商品专区亚马逊首个产业带集货运营中心；阿里巴巴国际站"十大数字化外贸产业带"

产业带	简介	分布区域	产业带专区
纺织服装产业带	"纺织（针织品）国家新型工业化示范基地"和"浙江省服装制造业改造提升省级试点"，现代纺织产业规模以上企业1 312家，占全市规模以上企业的22.6%，形成比较完整的纺织服装产业链：兰溪纯棉、白坯布产量全国第一，全球棉纱企业的前50强多数在兰溪建立生产基地；浦江是全球最大的打底裤生产基地、全国最大的绗缝制品生产和出口基地，2 000多家打底裤企业；义乌是全国最大的单品衬衫生产基地、中国无缝针织内衣名城，无缝内衣产量占全国总产量的80%、全球总产量的15%	以义乌、浦江、兰溪为核心，其他县（市）特色产业园协同发展	首批淘天50大百亿产业带（文化办公、收纳整理、居家布艺）；快手"金华裤，超级cool"产业带溯源活动
饰品产业带	义乌是全球最大的流行饰品生产基地之一，有8 000多家饰品生产企业和贸易企业，产品主要包括胸针、项链、头花、手链等，种类超过80万种，销往100多个国家和地区，占全国饰品业的30%以上	以义乌为中心	首批淘天50大百亿产业带（服饰配件）；抖音电商"最受消费者欢迎的产业带商品"中位列第二
彩妆产业带	彩妆产业已成为金华生物医药产业链发展的重要增长极和新爆发点。全市现有化妆品市场经营主体超10万家，其中生产企业数量占浙江省的60%以上，产品备案数占浙江省的70%以上	以义乌、金东区为核心	1688"金义美都"彩妆产业专区

产业带	简介	分布区域	产业带专区
五金产业带	永康是全国闻名的"五金之都"，拥有6万多家企业，17万余家市场主体，以五金餐厨产业闻名于世，先后获得"中国炊具之都""中国口杯之都""中国五金之都""中国餐厨用品出口基地"的称号	以永康、武义为核心	1688永康五金选品中心，京东永康地标馆，首批淘天50大百亿产业带（烹饪用具）
保温杯产业带	永康是全国最大的保温杯（壶）生产和出口基地，年总产量和出口量均占全国70%以上，"8亿保温杯6亿永康造"，数字化出海比例超40%	以永康为核心	阿里巴巴国际站"十大数字化外贸产业带"
电动工具产业带	电动工具产量约占全国产量的1/3，园林工具约占全国产量的1/2，已基本形成涵盖"原材料及零部件—电工工具整机—终端应用"全产业链条，产业链本地配套率达70%以上。其中，主导产品涵盖制造加工，建筑装配，修理（汽车、家电等），家居，园林等应用领域，其中墙面打磨机、电链锯、热风枪、割草机、切割机等细分产品国际市场占有率较高	以永康、武义两大中心，辐射金东、婺城等地区	亚马逊工业品产业带
家具制造产业带	金华家具制造产业涵盖多个细分领域，包括智能家居、红木家具等。东阳红木家具企业数量超过1 300家，产值占全国1/3左右	东阳，婺城区、金东区、永康、武义	—

产业带	简介	分布区域	产业带专区
户外用品产业带	依托永康五金产业，金华逐渐形成较完整的户外运动产业链。金华共有户外运动相关制造、销售企业 2 000 余家。武义旅游休闲用品产量占全国总产量的 30% 以上，其中户外用品产量和出口量均占全国的 40% 以上，出口欧美等 60 多个国家和地区。金华露营装备制造产业已占浙江省的半壁江山，永康是"中国休闲运动车之都"	以永康、武义为核心	首批淘天 50 大百亿产业带（户外用品）
水晶产业带	浦江是"中国水晶玻璃之都"，全县水晶产业市场主体达 3 879 家，占全国同类产品七成以上的市场份额，出口率 70% 以上。义乌是最大的水晶批发市场之一	以浦江、义乌为核心	—
特色农产品	武义是有机茶之乡，茶园面积达 10 万多亩；金东区"中国佛手之乡"，种植佛手 1 200 余亩；中医药产业是磐安县的支柱产业，全县中药材种植面积 8 万亩，占浙产药材 90% 以上；金华火腿企业 78 余家，有 50 余家企业获金华火腿地理标志产品生产资质，"金华火腿腌制技艺"被列入国家级非物质文化遗产保护目录；浦江"中国巨峰葡萄之乡"，葡萄种植面积 6.7 万亩以上，产值接近 14 亿元；义乌全市共有 40 多家红糖加工厂，上下游延伸的红糖相关制品生产加工单位近百家，义乌红糖已获得农产品地理标志登记证书和地理标志证明商标，义乌红糖制作技艺被列入第四批国家级非物质文化遗产代表性项目名录	各县(市)	—

第二节　金华市直播间现状

以下从主播、直播间等维度，通过金华市与杭州市、广州市、临沂市等对比，分析金华市直播间的发展现状。

一、金华主播分布对比

图 18~图 21 分别为抖音平台上金华市、杭州市、广州市、临沂市 Top 500 账号类目分布情况。表 3~表 6 分别为抖音平台上金华市、杭州市、广州市、临沂市粉丝数量 Top 10 账号情况。

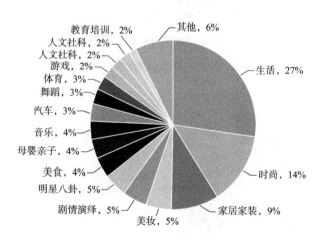

图 18　抖音平台金华市 Top 500 账号主要类目分布

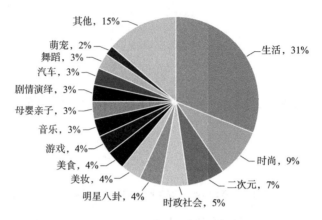

图 19　抖音平台杭州市 Top 500 账号主要类目分布

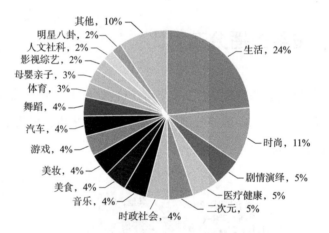

图 20　抖音平台广州市 Top 500 账号主要类目分布

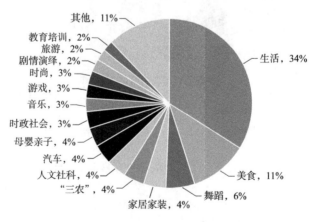

图 21　抖音平台临沂市 Top 500 账号主要类目分布

表3 抖音平台金华市粉丝数量 Top 10 账号

抖音号名称	类别	累计粉丝数量/个
乞丐妹	音乐	8 585 334
十一来了	剧情演绎	7 162 153
网易云音乐	音乐	6 842 224
保安呆飞	剧情演绎	6 642 834
丁禹 *	萌宠	6 280 834
生哥表演你来看	生活	5 851 845
小卷毛和姐姐	母婴亲子	5 728 240
东方不败	舞蹈	5 229 033
Zina 姿娜	明星八卦	5 166 481
宝宝	生活	5 004 885

表4 抖音平台杭州市粉丝数量 Top 10 账号

抖音号名称	类别	累计粉丝数量/个
虎哥说车	汽车	28 800 898
新闻姐	时政社会	25 716 552
浙江卫视	影视综艺	24 366 070
潮新闻	时政社会	22 270 955
交个朋友直播间	美食	22 153 426
老爸评测	美妆	21 827 845
国岳	生活	21 038 313
小麦	母婴亲子	18 947 358
侠客红尘	剧情演绎	18 482 138
痱子哭哭	舞蹈	18 400 370

表5 抖音平台广州市粉丝数量 Top 10 账号

抖音号名称	类别	累计粉丝数量/个
k 总	生活	63 918 547
江寻千（九月）	人文社科	60 126 790
高芋芋	美食	29 343 121

抖音号名称	类别	累计粉丝数量/个
路怡	生活	21 704 814
炫迈妹子 i	生活	19 748 817
小书子	音乐	17 277 745
Jiaber 吴伯滔	生活	15 033 623
花总	生活	14 611 447
方圆	时尚	13 355 252
JF 江峰	音乐	13 209 941

表 6　抖音平台临沂市粉丝数量 Top 10 账号

抖音号名称	类别	累计粉丝数量/个
郑云	生活	8 611 156
雪花	剧情演绎	8 189 242
小可爱吖	二次元	7 249 295
小鱼儿夫妇	生活	7 168 627
狗子与我	生活	6 174 883
刘小妖~《80 后逐梦男团》	舞蹈	6 032 653
说方言的王子涛	生活	5 893 098
武子弈	游戏	5 874 964
临沂市广播电视台	时政社会	5 808 292
稻谷大剧场	剧情演绎	5 207 429

1. 类别多样性不足

对杭州市、广州市、金华市和临沂市四个城市的抖音平台 Top 500 账号主要类目展开对比分析发现，其中杭州市占比较多的为生活 31%、时尚 9%、二次元 7%、时政社会 5%、游戏 4% 等，金华市占比为生活 27%、时尚 14%、家居家装 9%、美妆 5% 等，广州市占比为生活 24%、时尚 11%、剧情演绎 5%、医疗健康 5%、二次元 5%、游戏 4% 等，临沂市占比为生活

34%、美食 11%、舞蹈 6%、家居家装 4%、"三农" 4% 等。相较于杭州市和广州市等大城市，金华市的时政社会、二次元、游戏、医疗健康等类目缺乏；和临沂市相比，金华市缺乏"三农"等类目，由于产业结构的限制和创新能力较弱，金华市的类目多样性不足。

2. 主播粉丝规模偏低

根据抖音平台粉丝数量对比分析，相较于杭州市、广州市这样的一线城市，金华市和临沂市的粉丝数量只有几百万个，差一个数量级，导致直播影响力不足。这表明，随着直播行业的快速发展，市场竞争日益激烈。金华市的主播在面临来自全国范围内的竞争时，可能难以脱颖而出，导致粉丝规模增长缓慢。金华市的部分主播在内容创新方面可能存在不足，难以吸引和留住观众。在直播内容同质化严重的情况下，缺乏创新和特色的主播很难在竞争中脱颖而出。有效的运营推广对于提升主播的知名度和粉丝规模具有重要意义，然而，金华市部分主播可能缺乏专业的运营团队和有效的推广策略，导致粉丝规模增长受限。

3. 文娱类目优势明显

金华市相较于杭州市、广州市和临沂市，主播类型文娱类目优势较明显，Top 500 账号类目分布中，金华市剧情演绎占比 5%、明星八卦占比 5%，而身为一线城市的杭州市和广州市，剧情演绎占比分别为 3% 和 5%、明星八卦占比分别为 4% 和 2%；临沂市的剧情演绎占比为 2%，没有明星八卦这个类别。这主要是因为金华市有丰富的文娱类目产业资源，从传统的婺剧、道情、龙舞等非物质文化遗产，到横店影视城现代的影视、动漫等文化产品，金华市的文化资源种类繁多，为文娱类目的直播提供了广阔的选择空间。

二、典型主播对比

1. 头部账号多采用商单模式且商单价值低

金华市头部主播 A 作为一名娱乐主播，主要采用的是商单模式，但与同级达人相比，主播 A 的新增作品数、新增粉丝数、互动平均数及视频报价均低于同行。这表明娱乐主播虽然粉丝基数大，但粉丝黏性不高，缺乏稳定的粉丝群体和忠诚的消费者。这导致娱乐主播商单在转化率和效果上可能不尽如人意，进而影响了商单的价值。金华市某内衣专卖店是品牌专卖店，主要对本品牌产品进行带货，虽然粉丝基数相较于娱乐主播少，但商单价值远大于娱乐主播。

2. 头部直播账号销售总额低

通过对金华市头部直播账号与同级别的临沂对比分析，发现金华市头部账号销售总额低。金华市头部主播某内衣专卖店销售总额为 50 万~75 万元，而临沂市的头部带货主播 B，其销售额超过 1 亿元、视频报价为 25 万元、带货商品数为 141 个，均高于同级别 90% 的主播。究其原因主要是金华市头部主播公司缺乏系统化运作，暂未签订 MCN 机构，导致在运营和策划方面缺乏专业团队的支持。

3. 未形成典型的账号矩阵

对抖音平台金华市账号类目头部主播情况进行分析，发现金华市的主播类目之前还未形成典型的账号矩阵。金华市的直播账号虽然数量不少，如头部主播 A 和某内衣专卖店均采用商单模式，没有签订 MCN 机构，而同级别的临沂市头部主播 B 加入有好戏 MCN 机构，在账号的运营上形成了典型的账号矩阵。金华市主播的账号大多呈现零散、无序的状态，缺乏统一规划和有效整合，在创建和运营时往往缺乏明确的规划和目标，缺乏互动和协作，难以形成合力。同时，由于金华市头部账号缺乏专业的运营团队和有效的营销策略，这些账号在内容创作、粉丝互动等方面也存在诸多不足，导致未形成典型的账号矩阵。

三、金华直播间产品分布对比

图22~图25分别为抖音平台上金华市与杭州市、广州市、临沂市 Top 500 直播间产品主要类目分布情况。表7~表10分别为抖音平台上金华市与杭州市、广州市、临沂市 Top 5 直播间详情。

1. 贴合金华市本地产业

抖音平台上金华市 Top 500 直播间的产品类目主要包括生活36%、时尚31%、家居家装15%、母婴亲子9%、剧情演绎5%、汽车1%等，这些产品类目与金华市的产业结构相关，金华市产业主要有袜业、服装、五金（鱼竿）、饰品等相关产业。这表明头部主播在带货时以本地产品为主，有利于拓宽本地产品的销售渠道，但相较于杭州市、广州市、临沂市来说，金华市的产品类目缺乏美妆、美食等，产品品类较单一。

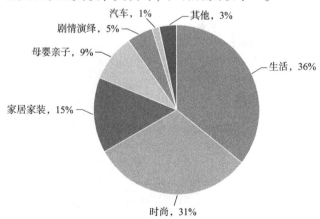

图22　抖音平台金华市 Top 500 直播间产品主要类目分布

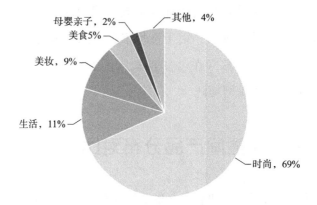

图 23 抖音平台杭州市 Top 500 直播间产品主要类目分布

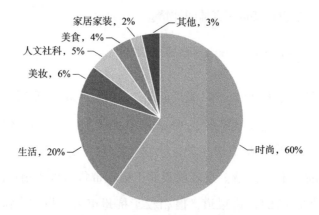

图 24 抖音平台广州市 Top 500 直播间产品主要类目分布

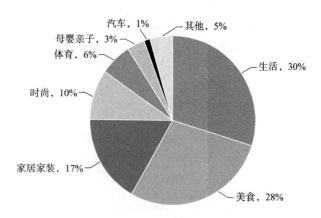

图 25 抖音平台临沂市 Top 500 直播间产品主要类目分布

表 7　抖音平台金华市 Top 5 直播间

主播昵称	类别	直播销售额/元
某内衣专卖店	时尚	3 620 607.46
有家女袜铺	时尚	2 845 855.02
芈奈儿官方旗舰店	家居家装	2 832 802.43
四娃妈 OLI	母婴亲子	2 075 184.45
佳钓尼 谢小忠	体育	1 928 816.95

表 8　抖音平台杭州市 Top 5 直播间

主播昵称	类别	直播销售额/元
刘媛媛	美妆	44 867 479.98
小熊出没	时尚	41 420 724.03
董先生	美妆	28 694 946.69
游鹿鹿很认真	时尚	26 255 986.68
徐秋阳是我	生活	23 003 706.14

表 9　抖音平台广州市 Top 5 直播间

主播昵称	类别	直播销售额/元
广东夫妇	生活	31 004 766.30
朱瓜瓜	美妆	27 339 568.26
韩涵	生活	21 893 135.84
马帅归来	美妆	15 005 728.66
三星官翻机直播间	科技数码	14 456 264.20

表 10　抖音平台临沂市 Top 5 直播间

主播昵称	类别	直播销售额/元
哎呦配家居	生活	2 102 486.42
一味官方旗舰店	体育	1 962 359.71
鑫鑫爱生活	生活	1 523 018.34
叁佰	时尚	1 061 707.08
阿楠必胜	生活	813 354.59

2. 以店播为主，没有综合性账号

目前金华市在抖音平台 Top 5 的直播间主要为某内衣专卖店、有家女袜铺、芈奈儿官方旗舰店、四娃妈 OLI、佳钓尼谢小忠等品牌店铺账号，类别主要为时尚、家居家装、母婴亲子和体育。对比杭州、广州一线城市，金华市的账号较为单一，而杭州、广州的综合性账号多，且同级别的临沂也存在部分综合性账号。

3. 直播类目较为分散

将金华市直播类目与一线城市杭州、广州进行对比。杭州和广州的时尚类目占比过半，分别为 69% 和 60%，类目相对较为集中。而金华市生活占比 36%、时尚 31%、家居家装 15% 等，临沂市生活占比 30%、美食 28%、家居家装 17%、时尚 10% 等，直播类目较为分散。这主要和培养的头部主播有关，金华市的头部主播粉丝级别低于一线城市的，而且头部主播较少，主播形式多样，从而导致直播类目也较为分散。

四、金华市文旅产业直播对比

时间节点：2024 年 10 月 18 日星期五。

指标说明：

热门打卡地数量：在近 30 日新发布作品的定位地点中，与该城市相关的地点个数；累计打卡人次：定位过该城市热门打卡地的总达人人次；累计浏览次数：浏览过该城市热门打卡地的总人次。

表 11~表 13 分别为抖音平台上金华市与杭州市、临沂市文旅产业总体指标情况。图 26~图 28 分别为抖音平台上金华市与杭州市、临沂市打卡类型热度分布情况。

表 11　抖音平台金华市文旅产业总体指标

指标	数值
热门打卡地个数量/个	17 992
累计打卡人次/亿次	3.47
累计浏览次数/亿次	2 789.09

表 12　抖音平台杭州市文旅产业总体指标

指标	数值
热门打卡地数量/个	30 007
累计打卡人次/亿次	11.94
累计浏览次数/亿次	9 316.51

表 13　抖音平台临沂市文旅产业总体指标

指标	数值
热门打卡地数量/个	12 971
累计打卡人次/亿次	3.15
累计浏览次数/亿次	2 489.90

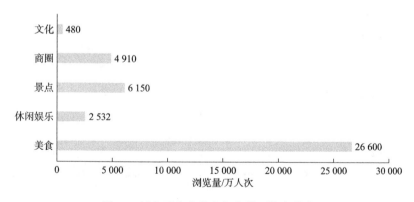

图 26　抖音平台金华市打卡类型热度分布

1. 打卡总量上相比杭州少

通过对金华市、杭州市抖音平台文旅产业进行对比，在金华市近 30 日新发布作品的定位地点中，与该城市相关的地点数量主要有 17 992 个、累计打卡人次为 3.47 亿次、累计浏览量为 2 789.09 亿人次。杭州市在抖音平台近 30 日新发布作品的定位地点中，与该城市相关的地点数量为 30 007 个，是金华市热门打卡地数量的 2 倍；累计打卡人次为 11.94 亿次，是金华市的 3 倍；累计浏览量为 9 316.51 亿人次，是金华市的 3 倍。在打卡热度分布里，主要以美食为主。金华市作为地级市，且非旅游城市，打卡总量相较于杭州市少，还有进一步提升的空间。

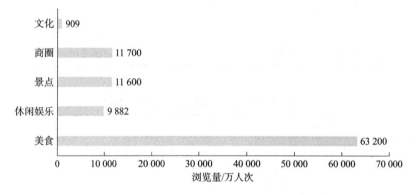

图 27　抖音平台杭州市打卡类型热度分布

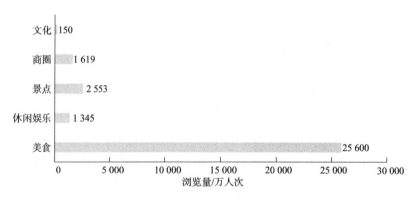

图 28　抖音平台临沂市打卡类型热度分布

2. 本地、周边打卡为主

金华市在抖音平台打卡人群来源主要分布为金华市 58.7%、杭州市

3.8%、重庆市1.63%、温州市1.09%、上饶市1.09%、昭通市1.09%等，外地打卡人数占比41%，相较于杭州外地打卡人群占比60%及临沂市外地打卡人数占比53%来说，金华市在抖音平台打卡人数主要以本地和周边城市为主。这也与金华市重点围绕"金华人游金华"和"浙江人游金华"两大主题，加大整合全市各类文旅资源，策划推出"周末游""自驾游""亲子游""康养游"等系列活动有关。

3. 整体打卡点类型分布更均衡

针对整体打卡点类型分布情况，将金华市和临沂市与一线城市杭州市对比分析。其中，金华市各类型占总打卡人数的比例分别为美食76.7%、文化1.39%、商圈14.15%、景点17.7%、休闲娱乐7.3%；临沂市各类型占总打卡人数的比例分别为美食82%、文化0.602%、商圈5.14%、景点8.11%、休闲娱乐4.3%；杭州市各类型占总打卡人数的比例分别为美食53%、文化0.76%、商圈9.8%、景点9.72%、休闲娱乐8.3%。通过比例变化发现，金华市和临沂市整体打卡点类型分布较为均衡，杭州市的分布较分散。主要原因是金华市和临沂市属于地级市，地理面积较小，以及金华市在政府的推动下多元化发展当地产业，使得打卡类型分布比较均衡。

第三章

义乌直播电商行业
发展现状与
挑战

第一节　义乌直播电商行业概览

一、义乌直播电商现状

义乌抢抓"互联网+"机遇，积极将义乌打造为特色鲜明的县域电子商务经济体。近年，义乌先后获批国家电子商务示范城市、国家级跨境电商综合试验区，网络零售额连续多年位列浙江省首位。2023 年，义乌市电子商务交易额为 4 423.67 亿元，与上年同期相比增长 13.22%。其中，电子商务内贸交易额高达 3 212.07 亿元，同比增长 13.8%；跨境电子商务交易额 1 211.6 亿元，同比增长 11.8%。2023 年电商专业村累计达 225 个，电商镇 13 个，省级电子商务示范村 95 个，数量继续领跑全国。新增电商主体 18.8 万户，同比增长 49.16%，总量占全省 1/3。全年实现快递业务量 105.8 亿件，同比增长 13.8%。在义乌直播行业纵深横向的发展历程中，除了技术升级，直播内容、场景也得以进一步拓宽，不再局限于货架场景，"直播+"的边界被无限拓展，也让直播在推动实体经济发展、培育新经济业态上有了更多的发力点。❶ 2020—2023 年义乌市直播电商基本情况见表 14。

在直播电商方面，义乌直播电商通过内容与电商、社交与电商的深度

---

❶ 龙腾飞.RCEP 背景下中国跨境直播电商发展竞争力分析——基于波特的钻石模型[J].现代商业,2024,11(24):16-19.

融合，转变了消费者的购物模式和消费习惯，为义乌的企业和品牌带来了新机遇。关于义乌的直播电商现状特征，从以下几个方面展开描述。

表 14　义乌市直播电商基本情况（2020—2023 年）

时间	直播带货场次/万场	销售额/亿元	同比增长/%
2020 年	18.33	207.00	62.00
2021 年	24.00	324.93	56.20
2022 年	56.70	387.23	19.17
2023 年	68.30	490.80	26.75

1. 上游——产业链日益完善

直播电商产业的上游主要是商品的供应方，包括商品的生产方、品牌方、零售店、服务供应方、工厂、经销商等主体。义乌拥有日益完善的产业链和强大的制造业实力，2023 年，全市实现工业增加值 565.1 亿元，同比增长 4.7%，其中规模以上工业增加值 265.3 亿元，同比增长 6.8%。规模以上化学纤维制造业、纺织服装服饰业、纺织业、文教工美体育和娱乐用品制造业、橡胶和塑料制品业、造纸和纸制品业、化学原料和化学制品制造业七大传统制造业实现产值 455.5 亿元，同比增长 12.7%，实现营业收入 470.1 亿元，同比增长 6.6%。同时，义乌市场经营商位有 7.5 万个，汇集 26 个大类、210 多万种商品，商品出口到世界 210 多个国家和地区，是全国 210 多万家中小微企业开展国际贸易的重要共享平台，义乌被世界银行、联合国等国际组织誉为全球最大的小商品批发市场。同时义乌市场内电子消费品、家用电器、电工产品、新能源（光伏）行业已形成一定的经营群体，主要集中于国际商贸城二区市场二、三楼，经营主体数量超过 1 万户。日益完善的商品生产能力及成熟的商贸城市场为义乌直播电商提供丰富的货源支撑。

2. 中游——直播内容生产日益成熟

直播电商主体方面，自 2013 年"电商换市"战略实施以来，义乌电商发展突飞猛进，取得了令人瞩目的成就。2023 年，义乌的市场经营主体突破 100 万家，全市工商登记注册电商主体数量超 60.85 万家，电商主体数量占全部市场经营主体的半数，约占全省电商经营主体总量的 1/3，其中，当年新设电商主体超 18.8 万家，创历年新高，日均诞生超 500 个电商"老板"。截至 2024 年 3 月末，义乌电商主体累计达 63.77 万家，同比增长 27.39%，相当于"平均每 3.1 分钟诞生一个电商主体"。

在直播服务机构方面，义乌市已注册的各类直播服务机构 70 余家、登记的主播为 1.2 万余名，开展业务、建立合作关系的各类网红主播 3 000 多名，从事直播培训、内容制作等产业链从业人员超 8 万人。截至 2023 年年底，国际生产资料市场数字直播产业孵化中心、今日网红、义乌好货等 20 个直播基地已建成投用，直播基地面积达 30 万平方米。同时，义乌与快手、抖音、淘宝直播等知名直播电商平台深入对接，洽谈战略合作，2021 年 4 月快手商业化产业带基地落地，5 月抖音全国首个综合类产业带基地落地义乌，8 月今日直播电商基地建成投用。2022 年，菜鸟在义乌综合保税区成立全国首个保税仓直播"样板间"及退货中心仓，同时义乌综合保税区正式取得抖音平台跨境业务发货资质。2023 年抖音电商服务中心落户义乌。

自 2023 年以来，义乌市市场发展委员会推动成立义乌市内贸电子商务协会、义乌市跨境电子商务协会、义乌市直播电商协会等，不同的电商主体有了"娘家"。一方面，各协会不断创新服务理念，拓展服务领域，通过推动电商与快递协同发展、电商与平台合理沟通等，积极为中小微电商营造良好的发展环境。另一方面，根据行业企业创新需求引进各类优质资源，吸引更多头部企业落户义乌，推动更多的本土企业做大规模，不断提升电商行业的竞争力和话语权，为行业发展争取更多的要素资源。

值得一提的是，义乌市市场发展委员会打造"红e家"党建品牌，该品牌主要依托农村电商党建联建工作机制，充分发挥部门、院校、国企、协会、龙头企业优势资源，实行抱团发展模式，因地制宜开展电商共富新服务，积极助力打造农村消费新场景，培育发展直播电商式"共富工坊"，助力乡村"云端共富"。据统计，截至2023年义乌市已建成35家直播电商式"共富工坊"，实现带动2 000名农户创业就业，帮助居民人均月增收超3 000元。义乌市政府办公室2020年印发的《义乌市加快直播电商发展行动方案》提出，3年内建成10个直播电商产业带、培育100家具有示范带动作用的直播机构、打造1 000个网红品牌、培养10 000名带货达人，成为全国知名的网红产品营销中心、网红达人"双创"中心、直播电商供应链主体集聚中心。经过多年建设，依据淘宝公布2022年度全国产业带百强榜显示，义乌小商品产业带成功入选全国十大直播原产地。

3. 下游——直播电商成为消费增长的"主引擎"

2023年，义乌市电子商务交易额为4 423.67亿元，与上年同期相比增长13.22%。其中，电子商务内贸交易额高达3 212.07亿元，同比增长13.8%；跨境电子商务交易额1 211.6亿元，同比增长11.8%。2023年，义乌市电商直播带货68.3万场，平均每天直播高达1 800余场。2023年，义乌市全年快递业务量突破105亿件，其中，国际及港澳台的快递业务量累计完成4 900万件，与上年同期相比增长46.4%。2023年，义乌全年网络零售额为2 715.9亿元，位居全省各县（市、区）第一。2023年全年跨境电商保税进口业务量为6 154.82万票，销售额124.2亿元，同比增长77.68%。直播电商通过内容与电商、社交与电商的深度融合，转变了消费者的购物模式和消费习惯，为企业和品牌带来了新机遇。在义乌直播行业快速发展的过程中，除了直播内容、技术升级，场景等方面也得到了进一步拓宽，不再局限于货架场景，新形势下"直播+"的边界被无限扩大，同时，也让直播电商在赋能实体经济、培育新经济业态方面有了更多抓手。自 2023 年以来，义乌市市场发展委员会不断为直播行业注入向上生长的养分，让城市彰显勃勃生机和活力。在"廿家"共富工坊启动 2023 年义乌市网上年货节暨廿三里麻糖节，推动邮乐购、绿禾网等电商平台开展年货节专场，举办"义起赶大集　直播共助力"活动，激活下沉市场新活力。举办 2023 年全省直播电商大赛总决赛、2024 年货节全网达人选品会活动等，提升义乌市在直播电商领域的影响力。同时，积极推动电商摄影基地建设，打造集吃、住、游、娱、购于一体的电商摄影消费新场景。义乌市直播电商协会于 2023 年 12 月 9 日成立，目前协会已举办了多场选品会，邀请了很多网红对接义乌电商企业，达成供货合作，还设立了全国首个展播基地主办 2024 年义乌直播年货节。

二、义乌直播电商产业发展特点

义乌抢抓"互联网+"机遇，积极将义乌打造为特色鲜明的县域电子商务经济体。近年，义乌先后获批国家电子商务示范城市、国家级跨境电商综合试验区，网络零售额连续多年位列浙江省首位。义乌直播电商产业发展主要呈现如下特点。

1. 全面构建直播电商顶层架构

义乌市为促进直播电商行业发展，积极打造"顶层引导、中层服务、底层支撑"的立体化政策体系，打好政策"组合拳"，充分发挥政策效能，先后出台一系列促进直播电商行业的政策，主要如下。

2020 年 6 月，义乌市出台《义乌市加快直播电商发展行动方案》，提出实施"十百千万"工程，即 3 年建成 10 个直播电商产业带、培育 100 家具有示范带动作用的直播机构、打造 1 000 个网红品牌、培养 10 000 名带货达人，成为全国知名的网红产品营销中心、网红达人"双创"中心、直播电商供应链主体集聚中心。截至 2023 年，义乌市已培育各类直播服务机构 70 余家，拥有各类网红主播超 1.2 万人，整个电商从业人员超过 50 万人。

2020 年 12 月，义乌市出台了《义乌市人民政府关于加快直播电商发展的若干意见（试行）》，更大力度赋能直播电商发展，如鼓励培育 MCN 机构，给予机构签约主播奖励、地方综合贡献奖励。其中，MCN 机构每签约一名服务义乌企业且年应税销售额达到 2 亿元、5 000 万元、1 000 万元的主播，将分别给予该 MCN 机构 500 万元、80 万元、10 万元的奖励。在直播电商基地建设方面，经认定年直播带货超 6 000 场的直播电商基地将最高可获得 500 万元的一次性补助。另外，还支持企业直播销售，对企业、个体工商户采用直播方式销售产品给予奖励。同时，政府特别重视直播电商人才保障，给予包括主播个人贡献奖励、人才子女入学、购房补助和技能培训奖励等；为进一步营造行业发展氛围，义乌市对具有全国影响力的直播电商活动也给予补助，按其实际支出费用的 50% 给予举办主体单次最高 200 万元的补助。

2023 年 6 月，义乌市发布了《关于加强科技创新 高质量推进创新型城市建设的若干意见》，将创新支持的重心转向了新兴产业和小商品产业转型升级，从创新主体培育、科技研发投入、科研人员创新、平台载体建设、科技成果转化及科技金融创新 6 个方面，为全市电商和直播技术的发展提供良好的政策环境和资源保障。例如，鼓励主营业务收入达到 1 000 万元及以上的服务业企业加快研发进程，根据研发费用加计扣除情况给予企业最高 500 万元的奖励，并在企业纳税排名中将研发费用加计扣除减免税额视同市级纳税贡献，这有利于进一步提高义乌市电商尤其是直播技术企业的创新能力，加快推动义乌市发展成为全球知名的电商集散地和直播技术创新中心。

义乌市还出台了《跨境电子商务进出口数据认证与管理办法》《跨境电

商零售出口企业认定管理办法（试行）》《跨境电子商务代理申报业务管理办法（试行）》等政策，为中小微跨境电商主体的收结汇、税收、金融服务、政策扶持等提供依据。

2. 多维打造直播电商产业载体

义乌市鼓励各类企业创建直播电商基地，目前已建成投用直播电商基地 20 个、面积超 30 万平方米，抖音、快手平台的官方直播基地相继落地，美联荟直播基地入选省级电商直播基地。例如，荣获义乌创业孵化基地的今日直播电商基地地处义乌市金融商务区核心区域，一期办公面积 8 000 多平方米，配套智能云仓面积 18 000 多平方米，合作平台 20 余个、合作品牌 500 多家、合作 MCN 机构 1 000 多个，为企业提供从 0 到 1 全套直播带货咨询服务，帮助具备一定优质资源的企业加长长板，使电商初创企业可以快速地在直播电商赛道开展业务并取得成果。

2021 年，义乌市重磅推出 Chinagoods 直播基地，面积超 30 000 平方米。基地通过联动国内外各大直播官方平台，服务于义乌小商品城商户、品牌、成熟电商供应链及各地主播达人，以线上直播方式让全球消费者足不出户就可以感受到中国制造的魅力，并利用与义乌小商品城市场主体连通的优势，从 7.5 万多家实体商铺、超 500 万款单品中精选直播爆品及新奇特产品，打造成集进口保税、国内外知名品牌、品质性价比高的工厂货及击穿成本价的外贸尾货商品于一体的 Chinagoods 超级供应链选品中心。

近年来，央代 CGTW 优选直播带货基地、盈云直播基地、供销社直播大楼等直播电商产业载体纷纷落户义乌市，客观上有利于义乌直播品牌快速出圈。

3. 全力招引直播电商产业链主体

义乌市重点与快手、抖音、淘宝直播等知名直播电商平台开展深入合作，快手商业化产业带基地、抖音全国首个综合类产业带基地、菜鸟物流公司在全国范围内首次设立的保税仓库，包括其创新的直播展示区和退货处理中心，已经成功在义乌市落地。作为"世界超市"、超级产业带，义乌的"一盘好货"和义乌市场的经济韧劲也吸引了百度、阿里、京东等互联网巨头关注，它们纷纷与义乌小商品城开启了合作共创。义乌市与百度合作的百度爱采购义乌数字馆已正式落地，旨在将百度的技术优势和义乌的产业优势充分融合，更好地帮助传统企业转型提效，帮助义乌市场经营户加快数字化转型。

2023年上半年，义乌与"1688"达成战略合作，为义乌小商品城的商家量身打造场景资源、营销活动、多平台一键分销、专属数字门牌及贴心服务，全方位帮助义乌小商品城的商家开拓数字化业务增长模式，重塑线上业务新模式。

4. 积极推动直播电商业态创新

义乌市依托保税物流中心、数字直播产业孵化中心等平台大力培育发展"保税+直播""进口+直播""出口+直播""海外仓+直播"等新业态，助力企业抓住跨境电商直播风口。2022年，"一城一仓"跨境直播义乌站落地义乌保税物流中心，该项目旨在利用保税仓直发模式，打通从主播选品、仓库备货、主播直播到物流配送的全链路，从而推动直播新兴业态发展。

2022年，菜鸟保税仓跨境直播联盟在菜鸟义乌保税仓正式揭牌，该联盟通过联合菜鸟遍及全国各口岸、海关监管下的保税仓、直播机构、跨境商家三大群体，共同打造"物流保障、价格保障、进口保障"的跨境电商销售新模式。

其中，义乌综合保税区保税直播以海关监管下的保税仓为基础，为跨境商家提供新的销售通路和商业机会，用物流实现"天下没有难做的跨境生意"。同时，以"仓"为基地，为直播机构和平台提供海关监管下的"货和场"，为主播带货免去货源和选品的烦恼。

同时，义乌市积极拥抱 AI 直播等新技术。AI 技术的引入以其创新性和吸引力为直播领域注入了新的增长动力。自 2022 年 AI 直播技术在淘宝直播平台上线以来，已经有超过 2 000 个品牌在其官方直播间中采用了这一技术。根据最新的统计数据，截至 2024 年上半年，AI 直播已经成功举办直播活动超过 13 万场，累计吸引了数亿次观众观看。开播场次、累计场观人数逐日增加，极大地提升了经济效益。

5. 着力优化电商发展生态

义乌市颁发了全国首批电商直播专项职业技能证书，成立全国首个直播电商学院，发布全国首套国家级直播电商职业培训教材等，有力推动了直播电商跨越式发展。

早在 2020 年，义乌市已累计开办电商直播培训 153 个班次，超 3 万人接受了普及型培训，近 7 000 人取得电商直播专项能力证书，而后义乌市积极推进职业技能提升免费培训，与临夏、玉林等地合作举办电商直播培训，扩充电子商务从业人员队伍。截至 2023 年，义乌市直播培训、内容制作等产业从业人员超 8 万人。

三、义乌直播电商的优劣分析

义乌自贸区是中国最大的商品集散地之一，其电商直播业务已经成为当地的一项重要产业。对义乌自贸区电商直播的内外部环境所带来的优势劣势进行讨论，见表 15。

其中各部分内容具体如下。

1. 优势

（1）商品资源丰富。早在 2003 年，义乌市就开始了"全球最大的小商品市场"的建设。此后，义乌市的小商品贸易逐渐发展成了一个规模庞大的产业。随着中国电商市场的兴起，义乌市的电商产业也蓬勃发展。2010年，义乌市政府提出了建设"义乌市小商品电子商务示范城市"的战略，义乌市的电商市场开始逐步壮大。义乌市拥有 7 万余个商铺、20 多万家中小企业、210 多万种商品，丰富的商品资源包括日用品、小商品、家居用品等，且小商品价格低廉，适合通过直播形式进行销售，丰富的商品种类和优质的货源，为直播电商提供了充足的商品选择，有利于吸引消费者。

表 15   义乌自贸区直播电商优劣分析

优势	劣势
商品资源丰富 产业链完善 地理位置优越 人才储备丰富 改革支持 营商环境良好	城市级别低，缺乏人才资源吸引力 直播产品以小商品为主，品牌的影响力不足 义乌的电商企业规模大多较小，对规模效应的利用程度较低，难以形成强大的竞争优势 跨境电商受国际经济政治环境变化影响大

（2）电商生态完善。义乌市完善的电子商务综合服务体系构建了完整的生态链。义乌市电商已经形成了从生产到销售的完整产业链，涵盖电商平台、电商企业、电商服务机构和电商孵化器等多个方面，形成了一个相互配合、相互支持、相互促进的电商生态系统。如电子商务秘书企业可以为电商提供工商注册、财务托管等一站式服务。电子商务平台企业，如亚马逊、阿里巴巴为电商主体提供平台服务。网拍、第三方运行、第三方仓储都为电商产业提供系统服务。生产、供应、销售等环节相对独立却又高度融合，这为直播电商提供了良好的物流配送和售后保障。

（3）地理位置优越。义乌自贸区位于浙江省，地处长三角经济区，交通便利，有利于商品的流通和配送。义乌市具备高效便捷的现代物流体系，是中国物流最发达的地方，快递便捷且费用相对便宜，物流成本比全国平均水平低 1/3。义乌市具备海、陆、空、铁、邮等全方位的外贸出口物流方式，义乌市的中欧班列平台已经成功启动了 19 条直达国际货运线路，这些线路实现了与 50 多个欧亚国家的直接连接，覆盖 160 多个城市。这一发展不仅加强了中国与沿线国家的贸易联系，也为区域经济一体化提供了新的物流解决方案。2023 年，义乌市始发、终到的中欧班列累计开行达到 1 608 列，同比增长 2.49%。地理位置的优势使得义乌自贸区可以更好地连接全国各地和国际市场，为直播电商的商品推广和销售提供了便利。

（4）商贸类人才储备丰富。义乌市对电商人才的培养和储备十分重视，义乌市政府成立了义乌电商学院，培养了大批电商专业人才。同时义乌市还拥有一批经验丰富的电商从业者，他们在电商行业中积累了大量的经验和资源，为义乌的电商发展提供了坚实的支持，为直播电商的发展提供了人才储备。❶

（5）政府改革支持。国际贸易改革为电商提供了强大的发展动力，自 2011 年获得国务院批准成为国际贸易综合改革试点以来，浙江省义乌市已经成功地构建了新型的贸易体制和机制。这一体制的实施显著提高了贸易的便利化水平，并形成了一套具有地方特色的规则和标准体系，涵盖了通关、检验检疫、结算、税务、信用和物流等多个方面。这些创新的体制和机制不仅吸引了国内外众多贸易参与者，而且促进了相关贸易规则和标准被广泛认可与采纳。随着这些规则和标准的普及，义乌市在小商品国际贸易流通渠道的控制力及在贸易规则和标准制定中的主导地位日益凸显。通过改革创造了一些新的通道、新的平台，如物流保税中心、国际邮件互换局和交换站、国际邮件处理中心、国际陆港城市等，为义乌直播电商的发展创造了良好的环境。❷

❶　知乎：义乌的电商真的好做吗？[EB/OL].[2024-05-28]. https://www.zhihu.com/question/585301637/answer/2911296978.

❷　杨志文，袁涌波.主动融入新发展格局助力高能级开放大省建设——义乌的探索实践及其启示[J].浙江经济,2023(10):49-51.

（6）营商环境良好。义乌市印发《关于促进市场高质量发展的若干意见》，围绕市场及电商、会展、物流、口岸等市场相关领域，出台 14 条"硬核"举措，大力优化营商环境，激发市场活力，保持市场繁荣发展。同时义乌市政府还制定出台了一系列支持跨境直播电商发展的创新举措，包括《跨境电子商务进出口数据认证与管理办法》《跨境电商零售出口企业认定管理办法（试行）》《跨境电子商务代理申报业务管理办法（试行）》等政策，为中小微跨境电商主体的收结汇、税收、金融服务、政策扶持等提供依据。义乌出台的各类政策为电商企业提供补贴、优惠等服务，推动了直播电商产业集聚发展。

2. 劣势

（1）城市行政级别低，缺乏高端人才吸引力。义乌市作为一个县级市，在获取市场要素资源，尤其是在人才资源方面遭遇了显著挑战，这已成为其电子商务行业发展的主要制约因素。当前，义乌市电子商务行业普遍面临人才引进和留存的难题，这一问题也是一些电商企业在达到一定规模后选择离开义乌的关键原因。相关数据显示，义乌市电子商务行业的人才缺口超过 20 万人。尽管义乌市已经培养了一定数量的电子商务专业人才，但对于具有较大影响力的顶级直播和电子商务领域的高端人才，其吸引力仍然不足。

在如今这个"万物皆可直播"的时代，各地都开始发展直播电商行业，义乌市相较于杭州市、上海市等这类经济发达城市来说城市级别较低，更多聚集的是小主播，对于头部主播的吸引力较小，直播电商的推广和品牌建设难度加大，大型城市通常具有更强的媒体曝光度和消费者关注度，更能吸引头部主播和电商高端人才。

（2）产品多为小商品，品牌影响力不足。义乌直播商品大多是企业以贴牌代工合作为主，缺乏具有影响力的自主品牌，整个行业的品牌影响力仍有待提高。同时，产品同质化现象严重，仿冒、抄袭现象较为普遍，企业大多以价格为主要竞争力，直播电商的主播们为了追求流量和关注度，往往会选择低价、低质的商品进行销售。这导致市场上充斥着大量同质化、低附加值的商品，严重影响了行业的健康发展。大多数商家缺乏品质和品牌意识，导致市场对义乌行业的定位始终停留在中低端市场。市场竞争力薄弱，整体品牌影响力不足，难以和大品牌进行市场竞争，抢占中高端市场存在诸多不利。

（3）企业规模效应弱，尚未形成竞争优势。义乌市的电商企业多数为中小微企业，企业规模普遍较小，缺乏足够的资源和能力来形成规模效应。同时，这些企业难以实现产品的差异化生产和个性化定制，进一步影响了其对规模效应的利用。

（4）跨境电商风险高，国际形势变化快。义乌市大部分收入来自跨境电商，跨境电商是一个高度依赖国际经济和政治环境的行业。近年来，随着国际经济政治环境的突变，跨境电商的发展也受到了很大的影响。跨境电商的主要优势之一是能够利用不同国家和地区的价格差异，通过购买和转售商品获得利润，然而，当国际经济环境发生变化时，价格差异可能会减少甚至消失，这使得跨境电商的利润空间受到压缩。国际经济环境的变化会导致汇率波动，义乌跨境电商的主要交易货币是美元，因此人民币对美元的汇率波动直接影响到企业的利润。在国际贸易形势紧张的情况下，汇率波动可能会更加剧烈，给企业带来更大的经营压力。政治不稳定、政策变化、贸易战、关税壁垒等都可能对跨境电商产生负面影响。例如，某些国家可能会限制进口或提高关税，这会导致跨境电商的成本增加和利润减少。另外，政治不稳定还可能导致物流中断或支付受阻，这也会对跨境电商的运营产生负面影响。在国际贸易保护主义抬头的大背景下，一些国家开始对进口商品实施更严格的监管和限制措施，这不仅增加了义乌跨境电商的合规成本，还可能导致一些商品被禁止进口。

第二节　义乌直播电商人才需求现状

本书对 2024 年在恒信人才网发布电商人才招聘需求的企业进行了人才需求分析，共涉及 9 000 余个电商岗位需求信息。在调查的电商企业区域分布方面，涉及义乌市 14 个镇街，实现区域全覆盖，其中北苑街道、稠江街道、江东街道、福田街道和后宅街道的电商人才需求企业占全市前五位（图 29）。

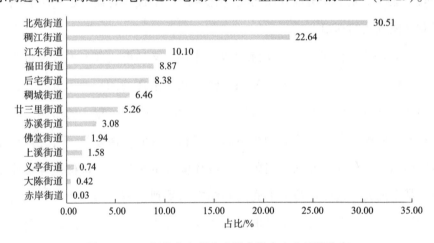

图 29　2024 年义乌电商人才需求样本企业镇街分布

在电商企业性质方面，电商人才需求主要集中在私营企业。数据调查显示，私营企业电商人才需求量占 89.38%，个人工作室占 6.57%，电商人才需求以民营企业占绝对比例，符合当前义乌电商企业结构（图 30）。

在电商企业规模方面，电商人才需求主要集中于小微企业。调研数据显示，员工规模为 1 ~ 50 人的企业占 59.06%，51 ~ 150 人的企业占 26.41%，150 人以上的企业占 14.53%（图 31）。在义乌的电商经营主体中，小微企业、个体户、家族企业占比高，企业数量基数大，人才需求相对活跃，但单个企业人才需求量较少，流动性偏高。

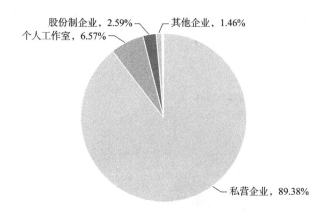

图 30　2024 年义乌电商人才需求企业的企业性质分布结构

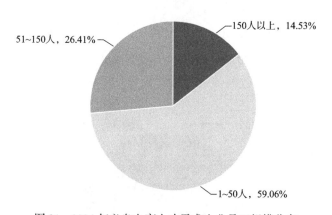

图 31　2024 年义乌电商人才需求企业员工规模分布

在岗位需求类别中，电商运营类占 43.24%，客服类占 23.01%，设计类占 20.01%，直播类占 10.56%，新媒体仅占 3.17%（图 32）。岗位需求占比最高的仍是以传统货架电商人员配置为主（运营、客服、设计），多数公司受限于人才供应等多种因素，直播、新媒体岗位仅做尝试性布局，或布局在杭州等城市，其中直播、新媒体岗位却与直播电商领域相关程度最高。

对 2024 年义乌电商直播类 1 400 余条人才需求数据样本分析发现，在最低工作年限方面，34.61% 要求为 1~3 年，53.79% 对工作年限不做要求。

受限于电商直播领域兴起时间短，工作经验要求不高（图33）。岗位薪酬方面，在校/应届直播人才的月薪为5 001~8 000元，1年以上及经验不限的月薪主要分布在8 000元以上，整体薪资水平高于传统电商岗位（图34）。

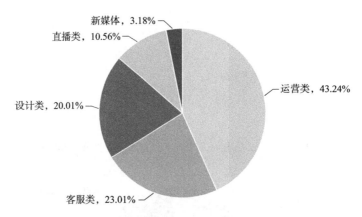

图32　2024年义乌电商人才需求岗位类别比例

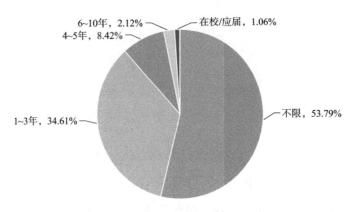

图33　2024年义乌电商直播类人才最低工作年限分布

本研究对直播类招聘岗位需求进行了词频分析，剔除与工作内容无关的词，可见直播类岗位工作内容主要包括结合产品特点进行运营策划，吸粉、互动、引导下单等（图35）。

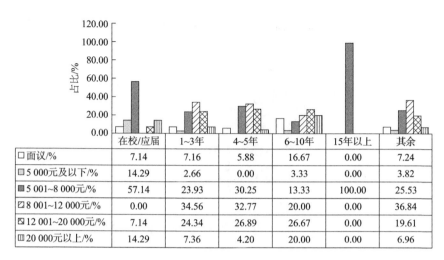

	在校/应届	1~3年	4~5年	6~10年	15年以上	其余
□ 面议/%	7.14	7.16	5.88	16.67	0.00	7.24
▨ 5 000元及以下/%	14.29	2.66	0.00	3.33	0.00	3.82
■ 5 001~8 000元/%	57.14	23.93	30.25	13.33	100.00	25.53
▧ 8 001~12 000元/%	0.00	34.56	32.77	20.00	0.00	36.84
▨ 12 001~20 000元/%	7.14	24.34	26.89	26.67	0.00	19.61
▥ 20 000元以上/%	14.29	7.36	4.20	20.00	0.00	6.96

图 34　2024 年义乌电商直播类人才月薪分布

图 35　2024 年义乌电商直播类岗位要求词频分布

对 2024 年义乌电商新媒体类 424 条人才需求数据样本分析发现，在最低工作年限方面，41.75% 要求为 1~3 年，25.94% 要求为 4~5 年，24.29% 对工作年限不做要求，整体偏向招聘有经验人员（图 36）。岗位薪酬方面，除应届生和工作 15 年以上，在 5 001~8 000 元、8 001~12 000 元、12 001~20 000 元三档中分布均较为平均，整体薪酬水平与工作年限相关程度不高（图 37）。

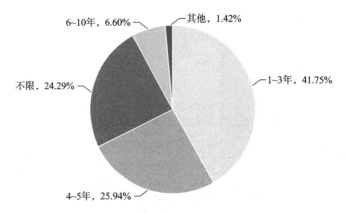

图 36　2024 年义乌电商新媒体人才最低工作年限分布

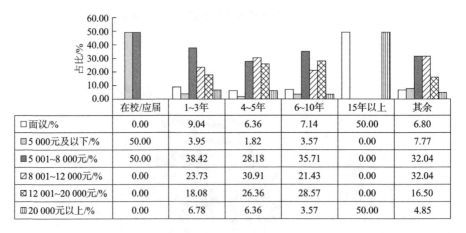

	在校/应届	1~3年	4~5年	6~10年	15年以上	其余
□ 面议/%	0.00	9.04	6.36	7.14	50.00	6.80
▨ 5 000元及以下/%	50.00	3.95	1.82	3.57	0.00	7.77
▦ 5 001~8 000元/%	50.00	38.42	28.18	35.71	0.00	32.04
▨ 8 001~12 000元/%	0.00	23.73	30.91	21.43	0.00	32.04
⊠ 12 001~20 000元/%	0.00	18.08	26.36	28.57	0.00	16.50
▥ 20 000元以上/%	0.00	6.78	6.36	3.57	50.00	4.85

图 37　2024 年义乌电商新媒体人才月薪分布

团队对新媒体招聘岗位需求进行了词频分析，剔除与工作内容无关的词，可见新媒体岗位工作内容主要包括短视频设计采编、文案策划撰写、新媒体平台推广等（图 38）。

此外，根据义乌市人力资源和社会保障局发布的《2023—2024 年义乌市紧缺人才导向目录和人才薪酬指导价》，2024 年义乌市电子商务人才紧缺使用指数达到五星的岗位有电商运营经理、新媒体运营、主播、跨境主播、直播运营等。具体来看，随着营销方式的变化，各类主播人才的市场需求量大，岗位薪酬弹性高，其中国际主播、跨境主播人才需求增长。

图38 2024年义乌电商新媒体类岗位要求词频分布

第三节 义乌直播电商存在的
主要问题与挑战

一、小微企业主体面临质保难题

1. 生产技术水平有限

小微企业在义乌自贸区的电商直播产业发展中扮演着重要角色，然而，由于其规模较小、资源有限，导致了生产能力和技术水平的局限性。这种局限性在商品质量和稳定性方面表现得尤为明显。

首先，小微企业缺乏成熟的生产流程和标准化操作。相对大型企业，小微企业往往没有完善的生产流程和严格的质量控制体系。这可能导致产品在生产过程中存在不稳定因素。例如，材料选择、加工工艺、装配等环节存在不确定性，从而影响产品的质量稳定性。如义乌市某小微企业在生产某种家居用品时，由于没有严格的原材料采购和质检程序，可能使用低质量或不合格的原材料，导致最终产品的质量无法得到保证。在这样的情况下，消费者在购买该产品时可能遇到质量问题，如易损坏、功能失效等。

其次，小微企业的技术水平相对较低。由于缺乏资金和人才等方面的支持，小微企业在技术研发和创新方面存在困难，这使得它们往往无法引入先进的生产设备和技术，也无法进行深入的产品改进和升级。小微企业生产的电子产品可能无法采用最新的技术和工艺，导致产品性能和功能上的局限性。消费者购买这些产品时，可能会感受到技术更新换代速度的差距，从而降低了产品的竞争力。

最后，小微企业在质量管理方面也存在一定的挑战。由于规模有限，小微企业往往没有专门的质量管理团队或部门，缺乏完善的质量控制措施，这使得它们难以及时发现和解决质量问题，也无法提供高效的售后服务。例如，某小微企业销售的服装可能存在尺码不准确、面料质量不过关等问题，由于缺乏质量检测和监控的手段，该企业可能无法及时发现这些问题，并进行相应的改进和处理。在这样的情况下，当消费者购买后发现质量问题时，可能面临退换货困难、售后服务不到位等问题。

综上所述，小微企业的生产能力和技术水平有限是义乌自贸区直播电商中存在的一个问题。其缺乏成熟的生产流程和标准化操作，导致产品质量稳定性受到影响。同时，技术水平相对较低也限制了产品的竞争力和创新能力。此外，质量管理方面的挑战使小微企业难以保证商品的质量和提供有效的售后服务。

2. 缺乏完善的售后服务

　　小微企业在义乌自贸区的直播电商中扮演着重要角色，然而，由于规模较小、资源有限，导致了售后服务体系的不完善。这使得消费者在购买后遇到问题时难以获得及时有效的解决方案。首先，小微企业往往缺乏专门的售后团队或部门。由于规模有限，小微企业无法雇用足够的客服人员来处理售后问题。这导致了售后服务的短板，消费者可能面临长时间等待回复或无法联系到相关人员的情况。比如某小微企业销售的家电产品出现故障，消费者需要联系售后进行维修，然而由于该企业没有专门的售后团队，消费者可能需要通过电话、电子邮件或在线留言等方式与企业取得联系。由于人力资源有限，消费者可能需要耐心等待回复，延长了问题的解决时间。其次，小微企业在售后服务流程和标准化操作方面存在欠缺。由于缺乏成熟的售后服务体系，小微企业可能无法提供清晰的售后流程和标准化的操作指南。这给消费者带来了困扰，不知道应该如何处理售后问题。小微企业销售的商品出现质量问题，消费者希望进行退换货，然而缺乏明确的退换货政策和操作指引，消费者可能需要与企业多次沟通，耗费额外的时间和精力才能最终解决问题。

　　在当前的商业环境中，小微企业在提供售后服务方面面临一系列挑战。由于资源和规模的限制，这些企业往往难以实现高效的客户支持和问题解决机制。这种局限性导致消费者在遇到产品或服务问题时，难以获得及时和满意的解决方案，进而影响他们对企业的信任和满意度。以电子产品销售为例，小微企业在面对产品功能故障时，可能由于缺乏足够的技术支持和备件库存，无法迅速响应消费者的维修或更换需求。这种情况不仅给消费者带来了不便，也可能损害企业的声誉和客户忠诚度。

　　综上所述，小微企业缺乏完善的售后服务体系是义乌自贸区直播电商中存在的一个问题，其缺乏专门的售后团队或部门，导致消费者在遇到问题时难以获得及时有效的解决方案。同时，缺乏售后服务流程和标准化操作也给消费者带来了困扰。此外，小微企业在售后服务质量方面的挑战使得消费者难以获得满意的解决结果，降低了对企业的信任度和满意度。

3. 消费问题维权困难

在当前的电商直播领域，除了由厂商直接运营的直播模式，还存在大量的助营式直播，其中主播扮演着广告发布者或品牌代言人的角色，而不直接承担所售商品的售后服务责任。这种模式可能导致消费者在购买后难以获得必要的服务保障，从而影响其权益。所谓的"直播带货"现象，虽然看似依赖网红、主播或明星的个人魅力吸引观众并建立信任，进而推荐商品或服务，但其实质是一种电子商务营销策略。这种策略与街头摊贩或电视购物节目中的推销行为在本质上是相似的，只是将展示平台从实体摊位转移到了线上直播间。

目前，直播电商领域的法律法规尚不健全，相关法律地位和责任界定不明确，加之平台监管相对宽松，导致一些网红主播过分关注增加粉丝数量，而忽视了对现有顾客满意度的关注。在面对产品质量问题或虚假宣传的质疑时，部分商家并未采取积极的应对措施，而是通过限制发言或下架产品等手段回避问题，将责任推卸给制造商。这种行为不仅损害了主播的个人声誉，也削弱了相关品牌的市场价值。最终，这些问题增加了消费者在直播间购买商品或服务后的维权难度，使得他们在遭遇欺诈或对商品不满意时，面临高昂的维权成本和复杂的维权过程。

二、品牌建设运营亟需多方赋能

1. 缺乏品牌建设和宣传

在义乌，商户普遍缺乏对数据驱动决策的理解。直播电商的兴起对商品交易市场的赋能作用日益显著,对提高市场的开放性和扩大企业的销售额产生了深远的影响。不同商户对于数字化经营模式的接受程度存在差异。在数字经济时代,商户的经营理念和对直播电商的利用意识差异显著。如果不能适应并融入以直播电商为代表的技术变革,商户在激烈的市场竞争中将难以为继。

首先,义乌市场的商户在直播领域的信息收集和直播功能的理解上存在不足。这些商户对数字技术的应用和直播电商的掌握程度较低,缺乏对客户画像和市场分析的深入理解。许多商户对数据分析知之甚少,导致他们在引流方面效果不佳。尽管一些商户尝试了直播模式,但未能实现预期的销售成果,这反映出他们在收集和分析直播平台产生的销售数据及关键信息方面的能力不足。直播模式要求商户从传统的一对一营销转变为一对多的宣传方式,这对他们的宣传策略、产品介绍和服务方式提出了新的要求。一些商户未能适应这种新的营销模式,导致营销效果不佳,客户沟通不稳定,进而造成客户流失。对于希望自主尝试直播带货的商户来说,他们面临找到合适的主播和运营团队的挑战,以及零售发货和售后服务相较于批发业务需要更多的时间和精力投入。直播间的准备工作,如布景、灯光、库存管理、推流、设备维护等,都需要精心策划和执行。此外,制作引流短视频、制订营销方案和直播间话术等,都需要大量的时间和努力。因此,一些商户选择与专业机构合作,或者回归传统的供货商角色,为主播和 MCN 机构提供商品,这可能更适合他们现有的贸易模式。

其次,商户在直播电商中的引流能力尚显不足,且对市场需求的匹配度有待提高。在直播活动开展前,商户对于产品选择、目标观众分析、定价策略、促销活动设计及销售数据分析等方面的准备工作不够充分,未能有效利用直播带货的潜力,导致实际效果未达预期。为了提升直播带货的效果,商户需要在直播前对产品选择、主播选拔等方面进行精心准备,并确保主播具备专业的直播技能。

目前，一些规模较大的企业倾向于与 MCN 机构和知名主播建立合作关系，但这种合作往往未能匹配到具有足够影响力的主播。在产品选择上，企业往往偏向于订单型或外贸款式，这与直播带货的模式并不完全契合。此外，企业上线的产品在品类、品牌影响力、设计创新及服务吸引力等方面与竞争对手相比缺乏差异化，使得产品定价也难以形成竞争优势。这些问题降低了营销效率。

同时，网红主播在寻找合适的产品时也面临挑战。据报告，MCN 机构在义乌市场选品时，由于市场规模庞大、现货供应不足及产品不符合需求等原因难以成功。一方面，义乌本地的供应链企业和网红选品中心在提供供应链对接服务方面存在不足，无法为主播提供完善的选品支持。另一方面，义乌自由贸易区在整合优势资源方面存在挑战。尽管直播电商在商品交易市场的赋能上进行了积极的尝试，并在政策、技术和管理层面得到了政府的大力支持，但仅依靠政府的力量是不够的。行业需要自我发展，不断进行创新和探索。在直播电商赋能商品交易的过程中，资源的整合力度尚显不足，这主要体现以下在两个方面。

第一，尽管政府在人力、商品、场所和供应链等方面进行了持续投入，但义乌市场的优势尚未得到充分挖掘。现有的支持模式较为扁平化，未能迅速形成产业规模，也未能产生具有行业引领性的经营案例。直播电商模式虽然自 2016 年起就已启动，但直到 2020 年在疫情的冲击下，政府才真正认识到推动商品交易模式转型的必要性。近年来，政府在优化营商环境和建设直播产业链方面取得了显著成效，但政策的实施力度仍需加强，资源的分布也应更加集中。例如，义乌市场在专业直播平台的建设、入驻人员选拔、品类设置和品牌宣传等方面还有待提升，知名主播的吸纳和合作团队的选择也需要进一步优化。

第二，行业商会在推动产业发展方面存在断层，内部凝聚力不足。尽管行业商会在义乌市场的经营管理中扮演着重要角色，但目前 47 个行业商会之间缺乏协同发展的动力。义乌市场的产品种类繁多，但并非所有产品都适合直播环境。对于饰品、食品、化妆品和服装等产品，直播模式已经相对成熟，但对于零件、生活工具、机器、餐饮住宿和旅游等领域的产品，直播模式仍存在挑战。如果行业商会不能促进内部经验交流和自主发展，无论政府提供多大的政策支持，都难以实现直播电商赋能的最大效果。此外，行业商会代表的是整个企业群体的形象，发展的不平衡可能会影响义乌市场的整体品牌影响力。由于直播电商的门槛较低，运营团队的专业水平参差不齐，部分商家可能因追求利润而忽视产品质量和服务，这需要加强监管，以确保商品交易市场的健康发展。

2. 品牌传播的信息真实性难以确认

在直播电商的生态系统中，品牌传播的有效性往往受到商品展示专业性的限制。流量和口碑是衡量直播带货成功的关键指标，它们不仅能够确保销量，还能为产品带来关注度，进而催生热门商品，因此，众多品牌倾向于选择拥有庞大粉丝基础的网红主播进行产品推广，然而这种策略背后隐藏着显著的风险。频繁出现在网红人气主播直播间的通常是那些拥有百万以上粉丝的顶级品牌，而小型品牌则鲜有机会露面。这种现象反映出许多商家倾向于追求短期的宣传效果或一次性的爆款效应。

进一步观察直播过程可以发现，在商品繁多的直播中，每种商品的展示时间非常有限，特别是那些不属于主播主要垂直品类的商品，往往只是被简单提及，缺乏深入介绍。此外，主播在介绍这些商品时，往往侧重于情感和态度的表达，而非详细展示产品的具体特点和优势。这种展示方式无法充分突出产品的独特卖点，从而影响了品牌传播的深度和广度。同其他交易模式一样，在直播电商中，价格是消费者购物的主要考量因素❶，

❶　杨丽洲."直播+电商"模式下农产品购买意愿影响因素的模型构建[J].现代商业,2021(35):84–86.

"优质优价"是直播电商取得成功的关键，直播间以抽奖、优惠券及折扣等价格优惠方式吸引消费者关注。朱新英认为，只有价格在可接受范围内，消费者才会进一步了解产品。❶ 在直播电商中，主播在介绍产品时常常会强调价格优势，以此吸引那些寻求优惠的观众。这种做法虽然在短期内可能会带来显著的销售增长，但往往依赖低价策略吸引消费者。这种策略可能导致网红主播更倾向于与那些能够提供显著价格优惠的品牌合作，以维持其观众流量。对于商家来说，尽管在单次直播中可能会实现较高的销量，但在扣除了主播的出场费和提供的折扣后，实际利润可能并不高。此外，在一场包含多种商品的直播中，即使宣传直接面向大量观众，品牌的实际宣传效果可能并不理想。在这种以短期折扣为主导的直播模式下，消费者的复购率往往较低，而且品牌的长期宣传和推广效果也难以实现。

在直播电商中，主播是不可或缺的产品信息来源，主播吸引力、交互性、专业性等特性对于直播能否有效带动产品销售起关键作用。❷❸ 主播吸引力是通过主播外貌、声音、直播风格等形式表现出来的主播个人特征。❹ 派克和林（Park，Lin）提出网红吸引力会增强其代言的有效性，促进消费者对其代言产品的购买。❺ 为了吸引消费者的注意力和购买欲望，一些主播可能会夸大产品的优点或效果，并忽略或掩盖产品的缺点或限制，这样的宣传方式使消费者难以准确了解商品的真实情况。

---

❶ 朱新英.电商直播互动特征对顾客购买意愿的影响研究[J].全国流通经济,2021(29):32-34.

❷ 崔剑峰.感知风险对消费者网络冲动购买的影响[J].社会科学战线,2019(4):254-258.

❸ 孟陆,刘凤军,陈斯允等.我可以唤起你吗——不同类型直播网红信息源特性对消费者购买意愿的影响机制研究[J].南开管理评论,2020(1):131-143.

❹ 赵保国,王耘丰.电商主播特征对消费者购买意愿的影响[J].商业研究,2021(1):1-6.

❺ PARK H J,LIN L M. The effects of match-ups on the consumer attitudes toward internet celebrities and their livestreaming contents in the context of product endorsement[J]. Journal of Retailing and Consumer Services,2020(52):1-6.

在广告营销学中，内容通常基于其对消费者决策过程的影响，分为信息型和情感型两大类。信息型内容主要通过视觉和文本形式传达品牌和产品的具体信息，旨在提供客观数据，辅助消费者作出理性的购买决策。相对地，情感型内容则旨在激发消费者的情感共鸣，通过视觉和文本内容建立品牌与消费者之间的情感联系，促进积极的品牌体验和产品消费。

在直播电商的特定环境下，信息型内容可能与消费者的娱乐化购买动机不完全契合，从而影响其对消费者的吸引力。社会学家鲍曼指出，现代社会的劳动观念已经从传统的生产义务和工作伦理中解放出来，转向更加注重满足消费者欲望和体验的美学领域。在这种文化背景下，直播带货的主播们往往将信息型内容和情感型内容相结合，特别是在那些具有强烈社交属性的直播电商中更明显。通过对网红主播语言的分析，可以发现他们在介绍产品时经常使用感叹词和积极的语言激发观众的情感。在介绍价格时，主播们会通过对比和强调价格的稀缺性吸引消费者，采用煽动性的传播策略。

这种"共情性消费"的传播方式不仅传递了产品信息，更重要的是它通过情感联结和精神体验与消费者建立联系。在这种消费模式下，消费者购买的不仅是商品本身，更是在追求一种情感上的满足和氛围体验。这种情感驱动的购买行为容易导致消费者在缺乏充分信息的情况下作出冲动的购买决策，增加了购买后的风险和后悔的可能性。由于消费者在直播过程中难以获得其他消费者的真实评价和反馈，他们在作出购买决策时缺乏必要的参考，这进一步增加了购买的风险。

3. 用户对直播带货主播的审美疲劳

直播带货作为一种新兴的电子商务模式，其受欢迎程度与其创新的形式密切相关。与传统的电子商务平台相比，这些平台通常采用图文结合或短视频辅助销售，直播带货通过创建一个虚拟的互动空间，为消费者提供了一种新的购物体验，增强了用户的参与感和同步感。实时通信技术的引入使信息传递更迅速和直接，为消费者提供了额外的便利。特别是直播电商间的互动性，通过语言分析可以发现，主播创造的语言符号对观众具有强烈的吸引力，能够轻易地吸引用户并促使他们参与其中。此外，价格优势是直播带货吸引消费者的另一个关键因素。在网红主播的直播间中，主播的个人魅力和充满感染力的产品介绍往往会激发观众的购买欲望。主播对"历史最低价""限量发售"等关键词的频繁提及，以及对购物流程的不断引导，进一步激发了消费者的购买冲动。这种新颖的购物体验和营销策略在短时间内能够吸引大量观众，然而从长远来看，这种模式的可持续性仍存在不确定性。消费者的购买决策往往受到网红主播和低价营销策略的影响，一旦消费者对这些营销手段变得熟悉，其吸引力可能会逐渐减弱。传播学领域的理论家罗杰斯在其著作《创新的扩散》中阐述了创新传播的扩散理论。该理论指出，只有当传播者和接收者对某一事物的认知存在差异时，信息交换和传播才会发生。当直播带货的技术与模式变得广为人知，且营销手段变得单调重复时，消费者可能会产生审美疲劳，对这种模式产生抵触情绪。目前，这种现象已经开始显现。例如，一些消费者已经识破了商家的价格策略，他们发现在直播或促销节日期间，商品的标价可能会被故意抬高，随后通过提供折扣吸引消费者，但最终价格与平时相差无几。或者商家可能会通过各种手段让消费者误以为有大幅优惠，但实际上要满足一系列条件才能享受。这些营销策略和话术已经引起了消费者的警觉，他们开始对这种虚假的促销和过度的营销感到厌烦。如果这种趋势持续下去，可能会对直播带货的长期发展构成威胁。

三、恶性竞争频发引起信任危机

1. 直播数据造假，行业鱼龙混杂

在当前的"全民直播带货"现象中，注意力经济成了市场竞争的核心，

而数据流量则成了衡量主播受欢迎程度的关键指标。在这种背景下，数据和流量造假的现象应运而生，形成了一个灰色地带。通过在某些电子商务平台搜索"直播观看"等关键词，可以轻易发现提供各种直播数据服务的商家，这些服务包括但不限于直播观看量刷单、粉丝入驻、流量引导、店铺收藏及直播账号申请等。这些服务的价格各异，从几元到几百元不等。例如，某平台提供的1万个直播观看量服务价格为120元，而抖音上的100个直播观看量则为43元。这些刷单机构通过提供主播的主页链接，帮助他们增加直播观看数、点赞数和关注数，从而提升直播间的人气，并增加获得平台推荐的机会。这种刷流量服务在不被平台察觉的范围内进行。在某些情况下，主播的直播观看量可能显示为数十万个，但实际的进店转化率却极低，有时甚至不到十人。为了实现销售目标，主播们在直播间中往往会过度美化商品，从而引发消费者的冲动购买，形成所谓的"羊群效应"。除了观看量和粉丝数据，销售数据同样存在造假现象。一些MCN机构与带货主播合作，雇用"水军"秒拍商品，然后迅速退货，导致售后退货率高达50%。此外，为了经济利益，一些带货主播和MCN机构可能会向合作商家展示夸大的直播观看量和销售量，使得商家在未充分了解真实情况的前提下大量备货，最终导致亏损。在与商家的合作中，主播通常会要求商家支付一定的坑位费，并签订保底协议，如果销售额未达到预定目标，则承诺退还费用；如果达到目标，则按照一定比例提取佣金。但正式直播时，有主播会提前安排刷单的任务，先达到6万元的坑位费，正式完成1万元的佣金交易后，售后再分批退货回笼1万~2万元，而直播电商平台处于"囚徒困境"往往选择妥协。❶ 当前，数据造假的现象在众多电子商务平台及其主播中较为常见，并且有愈演愈烈的趋势。这种行为不仅侵蚀了电子商务行业的诚信基础，还对整个行业的健康发展和市场平衡造成了负面影响。数据造假行为已经成为一个亟待解决的行业问题，需要相关监管机构、平

❶ 姚林青,虞海侠.直播带货的繁荣与乱象[J].人民论坛,2020(25):85-87.

台运营商和主播共同努力，采取措施遏制其泛滥。

2. 出现商业舞弊，竞争垄断升级

随着移动互联网的普及和在线市场规模的增长，企业与消费者、媒体和供应商之间的互动变得更加频繁。在这种趋势下，传统企业依赖资源的独特性来获取市场份额的竞争策略，正逐渐被以规模经济为基础的平台经济模式所取代。这种模式强调通过扩大规模增强市场竞争力。根据竞争政策的理论，所有行业，尤其是新兴行业，在发展过程中不可避免地会遇到竞争和垄断的问题。在"电商+"商业模式的推动下，商业领域的扩张加速了互联网平台经济的竞争。在这种经济模式中，企业的竞争主要集中在两个方面：一是对消费者注意力的争夺；二是动态竞争，包括技术创新和商业模式创新。为了吸引消费者的注意力，企业越来越重视利用流量，结合自身特色，提供高效的商品和服务。网络直播带货已经成为一个巨大的流量池，吸引了大量消费者的关注。为了实现高转化率和规模化变现，一些平台企业的员工可能会滥用其资源配置权，进行不正当的"寻租"行为。这种行为可能导致信用交易、刷信誉、私下交易、删除差评等商业欺诈行为的发生。这些行为不仅包括个别员工的"个人舞弊"，还可能涉及平台内部的"共谋式"或企业"自谋式"的联合舞弊。商业舞弊行为在平台经济中表现为多种形式，包括平台之间的价格操纵、卖方与平台之间的流量和信用交易、平台与买方之间的虚假营销，以及买卖双方之间的信用交易。❶2016 年的"魏则西事件"就是一个典型的例子，它揭示了信息搜索平台与医疗机构之间的不正当合作，对社会产生了负面影响。这些舞弊行为反过来又催生了"刷单"等灰色产业链，这些产业链通常隐藏在商品和服务的平台中。在电商平台模式下，流量变现和注意力吸引成为商业舞弊行为的

---

❶ 易开刚,厉飞芹.平台经济视域下商业舞弊行为的协同治理——问题透视、治理框架与路径创新[J].天津商业大学学报,2017,37(3):43-47,68.

核心。线上线下的经营主体通过互联网平台连接，形成了一个复杂而紧密的商业生态系统。直播电商平台根据交易关系形成了第三方平台的核心圈，而在这种圈层式结构的影响下，电商平台的各参与主体可能会围绕某个主体相互模仿，最终形成圈层式的舞弊效应。随着技术的进步，商业舞弊行为变得更加多样化和具有隐蔽性，新型垄断行为也在不断出现。这些行为严重阻碍了新经济领域合规环境的建立和重塑。

3. 内部管理缺位，主播"行业失范"

依据《互联网视听服务管理规定》《互联网广告管理暂行办法》及《中华人民共和国反不正当竞争法》等相关法律法规，电子商务平台应对其平台上的商家、主播和用户等各方承担相应的管理职责。虽然平台已经建立了一些内部管理规章并开发了治理工具以维护电商行业的正常运作，但在实际执行中，这些治理措施往往不是出于主动，而是在政府监管压力下被动采取的，这导致平台自我管理的动力不足，缺乏积极性。特别是在抖音、快手等流行的短视频平台上，带货乱象日益严重。这些平台采用的"短视频+电商"模式尚处于发展初期，它们以低门槛和低成本吸引众多商家和品牌入驻，但往往不对这些入驻的商家或带货主播进行严格的审核和监管。短视频平台主要扮演商品信息展示和流量引导的角色，而商品交易的最终完成往往通过外部链接或其他网络平台实现，这使得短视频平台难以追踪和记录完整的交易过程。这种交易的隐蔽性和虚拟性为非法产品的销售、商家的欺诈行为及主播的不当行为提供了可乘之机。平台自治动力不足的一个关键原因是自我约束意识的缺失和内部管理的不足。电商平台在追求自身利益最大化的过程中，可能会忽视其作为企业应承担的社会责任，对政府的期望和消费者的诉求采取选择性忽视的态度。面对直播带货中出现的假货销售、流量造假等问题，平台往往不会立即反思自身的管理缺陷或自治措施是否满足消费者的期望，而是采取放任态度，直到问题引发社会负面反响或法律纠纷时，才开始采取措施以减少平台的损失。这种内部管理和带货主播社会责任的缺失进一步增加了网络直播带货治理的复杂性。

四、主播自律不强有待监管治理

1. 主播呈现出"低小散"趋势

义乌市的直播带货行业虽然在主播数量和增长速度上表现出色，但面临一个主要挑战：大多数带货主播属于小微主播，缺乏专业的 MCN 机构支持，同时头部和腰部主播的数量也相对有限。这些小微主播多为自主创业者，或由传统电商转型而来，他们通常没有稳定的观众基础和粉丝群体。与已经拥有一定粉丝基础的网红主播相比，小微主播的直播间观众数量较少，用户忠诚度不高，这直接影响了他们的营销效果。在直播电商领域，流量和粉丝基础是关键因素，它们直接影响主播的市场影响力和商业价值。小微主播在这两方面的不足限制了他们扩大规模的能力。由于直播间的观众规模有限，这些主播在与商品供应商的谈判中缺乏足够的议价能力，难以获取更优质的商品资源。这种情况不仅影响了他们吸引新消费者的能力，还可能导致观众流失，形成一种恶性循环。一些个体经营的小微主播由于缺乏必要的监管和平台的低准入门槛，未能主动完成经营主体的合法登记，如获取营业执照。这使得他们在监管机构的视线之外运营，一旦发生违规行为，监管部门的介入和处理将面临更大的挑战。一方面，在教育水平和法律意识方面，这些主播可能存在不足，这导致他们在直播带货过程中可能会采取不正当手段，如进行虚假宣传或销售假冒伪劣商品，甚至伪造流量和销量数据，以此来吸引消费者；另一方面，当这些主播的不当行为遭到消费者投诉或举报，或因商品质量问题需要对消费者进行赔偿时，他们往往缺乏品牌意识和售后服务意识。面对可能的经济赔偿，如果认为损失超过了收益，他们可能会不配合监管部门，而是选择关闭直播间，转而寻找其他平台或更换身份重新开展业务。

2. 行业协会规模相对较小

2023 年 12 月 9 日，义乌市成立直播电商行业协会，协会成立首批会员单位 200 多家，涵盖供应链、品牌方、主播、产业园区及直播行业各类服务商，与义乌市其他行业协会相比，其规模与影响力相对有限。

直播电商作为一种新兴业态，目前尚处于发展初期，从业者数量有限，行业规范尚未形成。义乌市的直播电商行业也呈现出规模小、分散和无序的特点，这需要通过时间的积累和行业的自我调整逐步实现整合。此外，电商行业协会在运作中过度依赖政府，缺乏必要的自主性和市场导向，导致其职能定位主要围绕地方政府的需求展开，以辅助政府管理行业企业为主。这种依赖性削弱了行业协会的独立性和市场活力，限制了其在组织活动和提供服务方面的积极性，不利于增强会员单位的凝聚力。行业协会的规模和组织能力有限，难以为会员提供专业和集体化的指导与策略。当行业协会无法满足会员单位的实际需求时，会员单位往往会直接寻求政府部门的帮助，这种做法实际上回到了传统的"依赖政府"的模式，使行业协会的作用难以得到充分发挥。同时，会员单位对行业协会缺乏认同感和归属感，这在需要行业协会进行行业自律管理时，难以形成有效的集体响应，导致行业自律机制名存实亡。

3. 监管难以全面覆盖到位

义乌市市场监督管理局作为负责直播电商行业的监管机构，担负着核心的管理和监督职责。面对直播电商领域中出现的各种问题，国家市场监督管理总局已经发布了《关于加强网络直播营销活动监管的指导意见》，并在 2021 年与其他七个部门联合颁布了《网络直播营销管理办法》，明确提出了加强该行业监管和规范的要求。义乌市的基层市场监管机构在实施直播电商治理时，仍然主要依赖传统的电子商务监管模式，采用预防性、过程性和后续性监管的常规方法。

（1）事前监管，即主体资质的审核和始业教育。通过营业执照等相关行政许可项目的审批，掌握直播电商从业者的基本信息和经营范围，并且定期组织电商从业人员开展始业教育，普及相关法律和从业道德。但是目前很大一部分直播电商从业者在平台的默许下，并不按照《中华人民共和国电子商务法》的规定办理主体登记，而是参照《中华人民共和国电子商务法》第十条规定，电子商务经营者进行零星小额交易活动可以不进行登记。所以这项工作成效不佳，难以覆盖全部的直播电商经营主体，这对后续的治理和监管都造成了较大的困难。

（2）事中监管。由于电商行业主体数量大、增长快，对应的监管人员却没有变化，甚至因为部门合并等原因，基层的执法人员对应监管对象的比例是下降的。以义乌市为例，2023 年 3 月末，义乌市登记注册的电子商务主体约 63.77 万户，而对应的市场监管部门一线执法人员只有不到 200 人，相当于每一名执法人员要管理 3000 余户电商。所以目前对于电商行业的监督检查以"双随机、一公开"监管模式为主，即开展随机抽取检查对象，随机选派执法检查人员的随机抽查检查，抽查情况及查处结果及时向社会公开，而不是全覆盖检查。但是因为上文提到的，相当一部分直播电商从业人员没有进行主体登记，导致这部分人不会进入随机数据库，也不会被抽查到。

（3）事后监管。实际工作中的事后监管主要集中在举报投诉处理和行政处罚两方面。据统计，2020 年义乌市涉及直播电商的投诉举报件约为 2.3 万件，2021 年 1—6 月，该数据约为 1.8 万件，比上年同期增长 80%。从义乌市 2020 年的执法办案数据来看，共立案查处涉及直播电商的案件数量 46 起，占全年案件数量的 5.1%，其中虚假宣传等违反《中华人民共和国广告法》的案件 24 起，违反《中华人民共和国产品质量法》的案件 12 起，违反《中华人民共和国反不正当竞争法》的案件 3 起，其他 7 起，共处罚没款 43.2 万元，占全年罚没款总额仅 2.8%，而 2020 年涉及直播电商的投诉举报数量占全部的 14.4%。虽然不能直接类比，但是也在一定程度上可看出，涉及直播电商的执法办案数量和罚没款金额比例都低于直播电商投诉举报所占比例。这一方面是因为直播电商一般涉及违法行为较轻，多为责令整改和警告处罚；另一方面直播电商主体复杂，取证困难，执法人员办理这类案件时有畏难心理，不好办不愿办，这一因素也不可忽略。

海量的直播电商经营者也不可避免地带来了大量的消费纠纷和举报投诉。据不完全统计，义乌市市场监督管理局 2020 年共接到电商相关投诉举报件 160 211 件，同比上涨 486.47%，其中涉及直播电商的约为 23 000 件，占比约 14.4%，涉及直播电商的投诉举报基本集中在产品质量、广告违法和售后服务等方面，详细情况如图 39 所示。

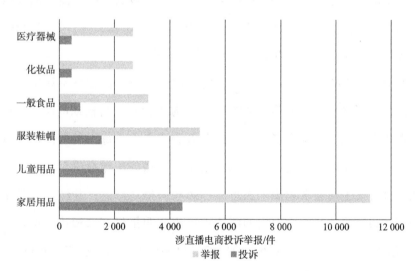

图 39　义乌市 2020 年涉直播电商投诉举报情况

4. 法理层面存在治理困境

直播电商主体法律身份问题困扰不断。根据国家七部委 2021 年发布的

《网络直播营销管理办法（试行）》的规定：开展网络直播营销，属于《中华人民共和国电子商务法》中规定的电子商务经营者的市场主体身份，应当依法履行相应的责任和义务。国家市场监督管理总局 2020 年 11 月 6 日下发的《市场监管总局关于加强网络直播营销活动监管的指导意见》（国市监广〔2020〕175 号）文件指出：直播电商经营者和平台经营者要进一步压实商品经营者的法律责任，即通过网络直播营销模式销售商品或提供相应服务的，应按照《中华人民共和国电子商务法》《中华人民共和国价格法》《中华人民共和国产品质量法》《中华人民共和国消费者权益保护法》《中华人民共和国食品安全法》《中华人民共和国反不正当竞争法》《中华人民共和国商标法》《中华人民共和国广告法》《中华人民共和国专利法》等相关法律规定，履行相应的责任和义务。从上述内容可以看出，相关法律规定对于自营式电商的法律身份并没有太多的争议，很显然这类直播电商经营者应该归入电子商务经营者的范畴，承担相应的责任和义务，大多数淘宝、京东等传统电商平台上的直播电商经营者属于此类。

在助营式直播电商的背景下，带货主播的法律地位和身份认定一直存在争议。根据《中华人民共和国广告法》，涉及商业广告活动的法律主体包括广告代言人、广告发布者、广告经营者和广告主，每一类主体都有其独特的定义和相应的法律责任。正确界定带货主播的法律身份至关重要。笔者认为自营式主播通常利用个人形象和影响力推广产品，并经常分享个人使用产品的经验，因此，他们的法律地位应与明星代言人相仿。这是因为明星和主播作为社会公众人物，他们的形象和行为对粉丝有着深远的影响，他们应当以正面的形象示人。鉴于明星和主播通常属于高收入群体，他们在获得丰厚的代言收入的同时，也应承担更高的责任。这包括在代言商品或服务时，对广告内容的真实性和合法性进行审查。法律对于权利与义务的一致性有明确要求，明星代言人和主播应当意识到自己作为广告代言人的特殊身份。如果代言的产品被发现存在虚假宣传或质量问题，他们应当承担相应的法律责任，并履行赔偿义务。

综上，直播带货主播应当归属哪一种身份或者哪几种多重身份，目前为止还没有明确的法律法规或者指导意见对其进行界定，实际上这样的问题在当下的直播电商中很常见。

直播电商作为一种新兴的网络交易形式，其涉及的主体多样且法律关系错综复杂，这给法律的适用带来了挑战。为了确保法律的正确实施和有效监管，必须明确交易各方的法律地位及其相应的权利与义务。同时，需要清晰界定各行为主体之间的法律联系，并在侵权行为发生时，明确各方应承担的法律责任。这有助于在立法和执法过程中准确应用法律，合理协调各方利益，并有效解决直播电商交易中出现的问题和争议。

当前，与直播电商行业紧密相关的《中华人民共和国广告法》《中华人民共和国产品质量法》和《中华人民共和国电子商务法》等在实际应用中存在一定的难点。这些难点主要源于直播带货主播的法律身份难以明确界定。由于不同法律主体的行为规范存在差异，主播身份的不确定性导致了其法律责任的模糊，进而使得监管规则不够明确。这种不确定性大大增加了监管的随意性和不确定性。当直播电商领域出现虚假宣传、销售假冒伪劣商品等违法行为时，对主播的法律责任进行认定变得尤为困难。法律责任的不明确性，使得市场监管部门在一线执法时面临诸多挑战。

五、跨境电商崛起存在现实障碍

2023 年中国的跨境电子商务实现了显著增长，进出口总额达到约 2.38 万亿元人民币，与上年同期相比增长了 15.6%，在我国外贸总额中的占比正在稳步增长。具体来看，出口额为 1.83 万亿元人民币，同比增长了 19.6%，而进口额为 5 483 亿元人民币，同比增长了 3.9%。据初步统计，全国范围内的跨境电商企业数量已超过 12 万家，跨境电商产业园数量超过

1 000 个。同时，海外仓储设施的建设也取得了进展，海外仓数量超过 2 500 个，总面积超过 3 000 万平方米，其中专门为跨境电商服务的海外仓数量超过 1 800 个，面积超过 2 200 万平方米。跨境电子商务正逐渐成为中国国际贸易的新动力。尽管义乌市在跨境电子商务领域取得了一定的进展，但仍面临一系列挑战，包括政府政策支持、产品质量控制、支付系统、物流配送和人力资源管理等问题。这些问题的存在，对于如何进一步提升和优化义乌市中小企业在跨境电商领域的发展，提出了值得深入探讨的问题。

1. 政府政策有待完善

跨境出口电商作为发展速度最快、潜力最大、带动作用最强的外贸新业态，正成为外贸发展的重要领域。相关部门针对新形势新任务，持续推动出台新政策新举措，持续完善通关、税收、外汇、培训、金融等政策，创新监管模式，优化跨境电商产业链和生态链，推动企业降本增效；同时支持跨境电商综合试验区、行业组织和企业等积极参与跨境经贸合作，助力跨境电商出口行稳致远。涉及海外的相关政策同步支持多边贸易体制的强化，为中国跨境出口电商提供良好的出口环境。

虽然已有众多政策支持，但拓展跨境出口电商发展依然面临诸多挑战。如在政策积极推动跨境出口电商发展的基础上，如何基于跨境运营复杂性将政策顺利实施？政策的有效实施成为行业发展挑战；建设海外仓不应仅仅具备分拨、交付功能，还需要对接当地营销网络，并在未来不断提升体验功能；出口退运商品在流程化实施方面依然缺少具体指导文件，以及涉及报关等流程面临的程序依然复杂。

2. 产品同质化较严重

在对义乌市跨境电商平台进行的初步调研中发现，"跟卖"行为非常普遍，这种现象在中小企业中尤为突出，这些企业往往缺乏自主设计和研发能力，因此它们更倾向于模仿市场上的热门产品，而非创新。这种策略最终导致了激烈的价格竞争，俗称"内卷"，进而压低了整个市场的利润空间。随着利润的减少，一些商家可能会采取降低产品质量的方式来维持利润，这不仅损害了消费者的利益，也影响了市场对义乌产品的整体印象。消费者对义乌产品的质量产生怀疑，这可能会对义乌跨境电商的长期发展产生不利影响。

3. 支付方式存在隐患

在国际贸易中，跨境支付和收款环节常常充满挑战。通过对义乌跨境电商产业园的实地调研发现，目前许多企业依赖第三方支付平台处理收款事务。由于这些平台多数由海外机构运营，与之相关的账户安全风险不容忽视。海外账户的冻结可能导致企业遭受重大资金损失，据估计，每年因此造成的损失可能高达数百万美元。这种情况不仅削弱了出口企业的经营动力，也给企业运营和消费者体验带来了诸多不便。

4. 跨境物流耗时较长

在跨境电商领域，物流选择对于满足不同客户群体的需求至关重要。依据产品特性及订单价值，物流方案的选择范围通常包括邮政小包、国际快递服务（如 FedEx、DHL）、专线物流服务及海外仓储服务。对于 B2C 模式的跨境电商，由于其主要面向个人消费者，且多数订单金额较低（通常低于 10 美元），邮政小包因其成本效益高而成为首选，然而这种物流方式存在明显的时效性问题，配送周期可能长达 20 天，且包裹遗失的风险较高。对于 B2B 跨境电商而言，许多卖家倾向于选择国际快递服务，以期获得更快捷的配送服务。这种服务的成本相对较高，且在某些情况下，由于海关检查，包裹可能会遭遇延误甚至丢失。近年来，海外仓储服务作为一种新兴的物流解决方案逐渐受到关注。在目的地国家设立仓库这种模式能够显著提升消费者的收货速度和满意度，但同时也带来了货物积压和库存管理的挑战，可能会造成较大的经济损失。

5. 内外文化差异较大

跨境电子商务直播为义乌市的中小企业提供了一种创新的营销途径。尽管与我国有着相似文化背景的贸易伙伴众多，但不同国家和地区的消费者在购物偏好、消费行为和文化传统上存在显著差异。如果简单地将国内的运营策略直接应用于国际市场，可能会遭遇不适应的问题。例如，日本消费者对产品质量有着极高的要求，并对外国品牌持审慎态度；而东南亚消费者则对价格非常敏感，并且由于其地区气候和自然景观的多样性，他们更偏爱色彩鲜艳的服装。鉴于这些差异，跨境电商直播的运营团队需要在产品选择、直播间设计及直播内容的呈现等方面进行细致的调整和优化，以更好地满足海外消费者的具体需求。这不仅涉及对产品特性的深入了解，也包括对目标市场文化习俗的敏感把握。

6. 规章法规不容忽视

跨境出口电商的合规化是企业发展中不可或缺的一环，主要包括税务、知识产权（以品牌类为主）与产品等分类，以确保跨境出口电商在全球市场中的可持续发展。以品牌合规为例，仅2022年在美国的新立案商标相关纠纷中，中国企业作为被告在跨境电商场景纠纷中占比高达82.5%，共涉及514起，且平均判赔金额达9.4万美元。由于跨境出口电商仍然以中小微企业为主要群体，建立完善的法务团队需高成本的投入，且考虑熟知海外各国司法环境难度极大，因此，在开展跨境电商业务中需要额外关注合规问题。主播直播时需要遵守当地的相关法律法规，不得进行虚假宣传，不得侵犯知识产权和消费者隐私权等。在跨境贸易和物流等方面也需要提前了解和遵守当地的法规，如关税、进口申报、知识产权保护等。只有遵守这些法规，才能保障跨境直播带货的顺利开展，促进跨境电商直播良性发展。不同跨境电商直播平台在直播权限开通、直播选品、直播流量分发等方面有不同的机制和规则，需要主播花费大量时间进行充分学习，对经验相对缺乏的跨境电商直播新手企业来说是一项较大的挑战。

六、直播电商人才存在较大缺口

预计直播电商的增长势头将在未来变得更加强劲，这将对义乌市场产生更加显著的影响。随着行业的快速发展，直播电商领域的专业人才需求也将日益增加，目前具备相关运营技能的商户数量尚显不足。这种人才短缺的状况可能会对义乌市场的持续发展构成挑战。

1. 商户直播销售专业能力不足，培训体系不完善

义乌市场的商户普遍对直播销售模式持开放态度，并认识到其背后蕴藏的巨大商业潜力，然而他们面临一个挑战：在迅速适应直播销售的激烈竞争中，他们的专业技能往往难以满足市场需求。特别是在产品、服务和品牌定位方面，商户缺乏清晰的认识，对于直播销售所需的沟通技巧和准备工作也缺乏深入的理解。这导致直播销售的效果往往不如传统的实体经营，进而可能削弱商户的积极性。为了提升商户的直播销售技能，义乌市政府和市场管理机构已经启动了一系列培训项目。这些培训项目虽然旨在提高商户的专业水平，但它们通常周期较长，内容专业性强，对于不同知识背景和操作技能的商户来说，可能会遇到学习障碍。此外，面对众多的直播平台和不断更新的技术，商户可能会感到不知所措，难以独立掌握新的直播技能。在直播活动的前期准备阶段，商户往往需要投入大量精力进行策划和组织，但由于缺乏充分的准备和供应链管理的不顺畅，这些努力可能会受到阻碍，影响直播的整体效果。

2. 招引直播人才市场动力不足，流量变现不理想

义乌市政府和市场管理部门正致力于吸引直播领域的专业人才，以推动当地直播电商行业的发展。面对激烈的人才竞争，目前尚缺乏明确的人才引进和使用标准，以及有效的激励和考核机制。此外，拥有直播培训资质的 MCN 机构在行业中的引领作用尚未得到充分发挥。在签约主播、开展直播培训和组织直播电商活动等方面尚未建立起一个系统的创新发展框架。这限制了主播将流量转化为经济效益的能力，同时暴露出奖励机制在动态激励方面的不足。行业发展氛围不足，以产业发展、地区经济发展为主的相关竞赛、电商论坛及直播孵化竞赛等还未形成规模，不利于直播电商行业的长远发展。

3. 跨境电商直播人才储备不足，人员招聘不乐观

在跨境电商直播领域，主播扮演着至关重要的角色。他们不仅需要在镜头前以流利的外语介绍产品，还需要与观众进行实时互动，并掌握与不同国家消费者沟通的艺术。由于不同国家使用的语言各异，例如韩国的韩语、日本的日语、泰国的泰语，以及澳大利亚、新西兰和菲律宾等国家主要使用的英语，主播的语言能力对于直播的成功至关重要。当义乌市的中小企业将特定国家作为其主要目标市场时，能够使用当地语言进行直播的主播，更有可能与消费者建立良好的沟通，促进亲和力和产生信任感，进而提高销售转化率。然而跨境电商直播是一个新兴的行业，对于既精通直播技巧又熟练掌握外语的复合型人才的需求远远超出了现有的人才培养速度。特别是对于小语种的直播人才，市场上更是供不应求，这不仅增加了企业的招聘难度，也推高了招聘成本。❶

---

❶ 王宸圆.RCEP 视角下义乌跨境电商直播高质量发展路径研究[J].现代商贸工业,2023,44(24):47-49.

第四章

义乌自贸区直播电商产业招商与扶持政策

第一节 直播电商产业政策

自 2019 年起,"直播电商"作为一种新兴商业模式迅速崛起,它不仅为电子商务企业提供了新的增长动力,同时促进了线下零售等关联产业的发展。这一趋势为消费者带来了更加便捷的购物体验。随后在 2020 年,我国政府出台了一系列政策文件,以支持这一新兴业态的发展。

具体而言,2020 年 7 月,国家发展改革委出台了《关于支持新业态新模式健康发展 激活消费市场带动扩大就业的意见》,该文件强调了"直播电商"在推动新型个体经济、降低创业门槛以及创造多样化就业机会方面的积极作用,同时文件中也提出了降低相关融资成本、平台服务费用和注册费用等支持措施。

进一步地,在 2020 年 9 月,国务院办公厅发布了《关于以新业态新模式引领新型消费加快发展的意见》,该意见鼓励传统实体商业通过直播电商和社交营销等手段探索"云逛街"等新型消费模式。这些措施旨在推动线上与线下消费的深度融合,并加速新型消费模式的发展。

疫情防控期间,直播电商模式对缓解疫情影响带来的商品流通不畅等难题,特别是解决多地农产品滞销的问题发挥了重要作用。因此,国家层面后续提出了一系列与农村直播电商相关的体系化政策。

2021 年 9 月,商务部办公厅等三部门发布《关于进一步推动农商互联助力乡村振兴的通知》,肯定了"直播电商"在深化农村电商、兴农助农、频道帮扶等方面的巨大作用。

2021年11月，农业农村部发布了《关于拓展农业多种功能促进乡村产业高质量发展的指导意见》，提出依托信息进村入户运营商、优质直播电商平台、直播机构和经纪公司，发展直播卖货、助农直播间、移动菜篮子等，培育农民直播销售员。

2023年8月，中央财办等九部门发布了《关于推动农村流通高质量发展的指导意见》，规范发展农村直播电商，强化农村流通数字赋能。

在2023年8月，商务部联合其他八个部门颁布了《县域商业三年行动计划（2023—2025年）》，该计划特别强调了推动农村地区直播电商的快速发展。此举旨在响应《国务院办公厅关于以新业态新模式引领新消费加快发展的意见》，进一步促进消费模式的创新和升级。为了实现这一目标，各地方政府已经开始制定并实施直播电商领域的高质量发展策略。义乌市人民政府于2020年6月19日发布《义乌市加快直播电商发展行动方案》，该方案指出以人才培训、主体引育行动、产业基地构建行动、供应链打造行动、产业赋能行动、氛围营造行动、规范提升行动、模式创新行动及要素保障行动为主要任务。其中义乌市从直播电商产业链出发，包括从直播电商服务机构、直播平台、直播电商企业、仓储物流及直播主播等方面来推进实施"十百千万"工程，即3年内建成10个直播电商产业带、培育100家具有示范带动作用的直播机构、打造1 000个网红品牌、培养10 000名带货达人，成为全国知名的网红产品营销中心、网红达人"双创"中心、直播电商供应链主体集聚中心，力争2022年直播电商交易额突破1 000亿元。

上海市于2021年发布《上海市推进直播电商高质量发展三年行动计划（2021—2023年）》，该计划指出要发挥上海产业优势，集聚培养一批引领行业发展的直播电商平台；建设直播电商基地，鼓励各类市场主体参与直播电商基地建设，认定一批主题鲜明、特色突出、示范性强的市级直播电商基地；同时培育和引进各类专业服务机构，优化直播电商生态体系，集聚一批数据营销服务商、供应链服务商、综合技术解决方案供应商等，提升设计研发、生产制造、品牌塑造、流量推送、仓储物流等全供应链服务能力，加快直播电商生态建设，推动直播电商平台、MCN 机构和直播电商运营服务商及内容策划、广告营销、产品供应链等企业加强资源整合；通过打造直播电商品牌支持老字号品牌、国货新品牌、工业品品牌与直播电商平台合作；并且为加强人才引进，鼓励高校加强直播电商研究，开展直播电商基础人才培训，培养直播专业服务、技术应用和供应链管理方面人才；为提升直播电商行业技术水平，加强直播电商科技研发与转化能力，鼓励运用云计算、大数据、人工智能等数字化技术分析直播消费需求，为直播电商提供科技助力。

为能打造成全国著名的直播电商之都，广州市商务局于 2020 年 3 月 24 日发布《广州出台 16 条政策措施支持直播电商新业态健康发展》，其中明确指出吸引和集聚国内优质直播电商平台、直播机构、MCN 机构、直播电商经纪公司、直播电商服务机构入驻，形成行业集群效应，培育一批特色突出、示范性强的直播基地，打造"直播网红打卡基地"。培育广州市直播电商企业，做大业务规模，丰富网红资源，提高网红服务能力和运营能力，鼓励优质直播电商企业成为各大直播电商平台官方认证 MCN 机构，带动壮大直播电商市场主体。

结合上海市与广州市关于直播电商的发展规划可以看出，打造优质完善的直播电商行业产业链对于直播电商发展至关重要，产业链中的物流配送、支付结算和客服售后等环节的优化，能够提升用户的购物体验、提高购物的便利性和满意度、提高用户的忠诚度和复购率。通过与内容制作公司、营销机构和 KOL 团队等合作，直播电商能够创新营销方式，吸引更多的用户关注和参与，同时能够通过直播平台开拓新的销售渠道，提升销售额和市场份额。产业链中的技术支持、数据分析和运营优化等环节的加入，能够帮助直播电商降低运营成本、提高运营效率、优化资源配置，从而提升盈利能力和竞争优势。为更好地促进义乌市直播电商产业发展，优化完善其直播电商行业政策，结合深圳市、杭州市、临沂市、宁波市现有政策与义乌市目前的扶持政策进行分析对比，为义乌市提供改进建议。

第二节　直播电商招商政策对比

深圳市商务局推出了《2022 年电子商务创新发展扶持计划电商直播基地扶持项目》，旨在支持协会或企业与国内外知名网络平台合作，为深圳市的优势产业和时尚产业建立电商直播基地。该项目为符合条件的电商直播基地提供建设投资额 50% 的补贴，最高可达 200 万元。

深圳市的行动方案中提出加快直播电商基地建设、鼓励电商平台创新发展、打造直播专业服务生态、推动直播电商供需链建设、打造直播人才集聚高地、发挥公共服务体系优势、拓展直播电商应用场景、打造深圳直播电商 IP、营造直播电商发展氛围、推动直播电商规范发展等 11 项重点建设任务。深圳市直播电商相关政策见表 16。

表 16　深圳市直播电商相关政策

政策方向	政策措施	政策概要
加速发展大型电子商务平台	加速培育本地法人电子商务平台	对符合条件的企业给予融资奖励；办公用房扶持；贷款贴息；新技术、新模式应用扶持及网络零售额首次超过标准给予贡献奖励
	加大力度引进大型电子商务平台	符合大型电子商务平台的落户，深圳给予落户奖励和落户项目投资扶持

续表

政策方向	政策措施	政策概要
大力推进电子商务应用	加速建设一批电子商务产业集聚园区	对各区符合标准、市场化运营的示范园区给予园区运营主体资助；对获批成为国家级电子商务示范基地的给予奖励；并对获批成为省级电子商务示范基地的给予奖励
	扶大扶强一批电子商务应用企业	鼓励通过自营平台或第三方平台开展网络零售，对网络零售额超过标准的企业给予奖励；对获批成为国家级数字商务示范企业的给予奖励
	深化和丰富电子商务应用	对与知名网络平台合作，为深圳优势产业、时尚产业建立电商直播基地的企业或协会给予补贴；对协会或企业集合深圳优势产业企业，在第三方平台开设深圳商城，销售深圳制造、深圳品牌商品的，对其平台入驻费用和宣传推广费用给予补贴
	鼓励企业市场拓展	对开拓国内、国际市场的企业给予资助；在深圳举办电商展等电商专业展会，按照促进会展业发展相关政策给予资助
完善电子商务支撑服务体系	构建智慧化电商物流配送体系	对开展农产品电子商务企业的冷链配送系统建设、开展网络销售业务的大型商贸流通企业物流中心建设、社区网络配送设施（智能快件箱项目除外）建设等电子商务物流配送"最后一公里"解决方案项目给予资助
	推动建设电子商务人才体系	支持电商企业引进和培育高端人才，符合条件的可享受相关人才政策待遇

政策方向	政策措施	政策概要
加大政府扶持服务力度	落实税收优惠政策	经有关部门认定为高新技术企业的电子商务及相关服务企业，按规定享受有关税收优惠政策。企业用于电子商务且符合税法规定的研究开发费用，可享受企业所得税加计扣除政策。落实国家支持人才培养的税收激励政策，对电商企业当年提取并实际使用的员工教育经费，按国家有关规定予以税前扣除

杭州市支持直播电商的政策主要包括 2020 年杭州市商务局发布的《加快杭州市直播电商经济发展的若干意见》、2022 年杭州市人民政府发布的《杭州市人民政府办公厅关于促进杭州市新电商高质量发展的若干意见》（以下简称《杭州新电商意见》）和 2023 年杭州市商务局发布的《关于促进杭州市新电商高质量发展若干意见实施细则（试行）》（以下简称《杭州新电商细则》）。

其中，《杭州新电商意见》包含四个大方面 17 项政策措施（表 17）。

表 17　杭州市直播电商相关政策

政策方向	政策措施	政策概要
壮大新电商产业生态	加大新电商招引力度	加大对全国范围内新电商企业及项目的招引力度，促进新电商产业集聚发展，重点吸引国内新电商企业落户杭州
	鼓励企业做大做强	对本地年实际交易额在 100 亿元以上的电商平台，给予不超过 100 万元的一次性奖励；年营业收入突破 2 000 万元且近 3 年平均增速在 20% 以上（含）的企业，给予不超过 100 万元的一次性奖励
	加快新型电商园区（基地）建设	按其实际投资额的 20% 给予园区不超过 500 万元的一次性资助

续表

政策方向	政策措施	政策概要
壮大新电商产业生态	鼓励数字化场景应用	按其实际投资额的 20% 给予资助，累计不超过 100 万元
	树立示范标杆	给予不超过 50 万元的一次性奖励
构建新型产业链体系	推动品牌建设	打造一批有特色、有亮点、有知名度、附加值高的新电商产品与服务内容，助力打造"杭货" IP
	推动供应链拓展	对能够整合设计、生产、服务、管理、营销全流程，并形成特色品牌产品的供应链（选品中心）项目，按其实际投资额的 20% 给予补助，最高不超过 300 万元。对符合条件的新型产业带，按其实际投入的 20% 给予运营主体资助，最长不超过 3 年，最高不超过 200 万元
	打造新型电商服务业	给予不超过 50 万元的一次性奖励
	助力共同富裕示范区建设	按其年度开展公益活动场次和实际交易额，给予不超过 10 万元的奖励
	扩大新型电商城市影响	加强新电商的宣传推广，营造新电商发展的良好氛围
打造全方位要素保障体系	构建金融保障体系	金融机构创新有针对性的投融资服务，鼓励社会各类风险投资等基金支持新电商产业发展
	建立人才培育体系	加大招引、分类认定、培育培训、强化赋能、引领服务等措施，全面加强新电商人才队伍建设
	完善物流配送体系	快递进村、国际邮件、无接触配送
强化政策支撑体系	优化科技应用体系	按其研发实际投入额的 20% 给予研发企业不超过 200 万元的奖励
	强化政府服务体系	创新对新电商行业的服务管理，切实发挥市场主体作用。协会参与监测给予资金扶持

政策方向	政策措施	政策概要
强化政策支撑体系	健全行业自律及服务体系	加强行业自律、开展标准研制和应用、支持电子商务智库建设
	优化新电商发展环境	完善法规、监管制度和标准建设。对符合条件的"三同"工程示范企业，给予20万元的一次性奖励

《杭州新电商细则》在杭州新电商意见基础上针对新电商园区、品牌、供应链项目、示范企业、"三同"示范企业等项目提出了试行标准及配套项目申报。

总的来看，杭州市作为"中国直播电商第一城"，现阶段已构建了针对直播电商、跨境电商等最新电商业态的全方位支撑体系，且整体政策均开放、可量化执行。

临沂市支持直播电商的政策主要包括《关于支持直播电商人才发展的十条措施》（以下简称《临沂人才措施》）、《关于促进临沂市直播电商行业党建规范提升的十条措施》《临沂市电商职业技能提升行动实施方案》《临沂市直播电商发展三年行动方案（2023—2025年）》，在头部主播培育、直播基地建设、行业服务基础、供应链体系等方面强化政策扶持，有效激发了电商行业创新创业的积极性

其中，临沂人才措施从四个方面提出10条政策措施（表18）。

表 18　临沂市直播电商相关政策

政策方向	政策措施	政策概要
构建直播电商人才支撑体系	明星主播引进	明星主播按人才进行补贴、享受优惠政策
	基础人才培养	培训并取得证书给予补贴
	电商人才创业	一次性创业补贴、创业担保贷款支持、商业贷款支持
推动直播电商在商贸领域运用	带货主播贡献激励	根据带货金额评选荣誉并给予补贴
	企业直播销售	根据销售额给予奖励、补贴

续表

政策方向	政策措施	政策概要
着力打造直播电商产业平台	直播电商基地	根据面积、直播间数、主播数、带货量给予奖励
	直播电商培训机构	根据培训人数和签订合同人数给予奖励
	MCN 机构	签约头部主播给予奖励；网络销售额 2 000 万元以上给予奖励
大力优化直播电商发展环境	直播电商标准制定	企业主持制定国家、行业标准，给予资助
	举办高端峰会、论坛	鼓励引进国家级电商协会组织承办的行业年会，根据参会人数及市外来宾数给予补贴

总的来看，临沂市以临沂商城为依托、以示范县为抓手，针对优质品牌、产品，依托直播电商为开展转型升级提供了极好的体系化直播电商政策支撑。这对于义乌市电商政策制定有较高的借鉴学习价值。

宁波市支持直播电商的政策主要包括 2021 年宁波市人民政府办公厅《关于促进直播电商经济高质量发展的实施方案》（以下简称《宁波发展方案》），2022 年 3 月宁波市商务局、宁波市财政局发布的《关于宁波市直播电商经济发展扶持资金实施细则的通知》（以下简称《宁波扶持细则》）。

《宁波发展方案》提出六大方面 21 项建设内容（表 19）。

表 19　宁波市直播电商相关政策

建设方向	建设内容	内容概述
建设直播电商经济集聚区	打造直播电商经济核心区	打造集直播电商平台、全国"头部"直播电商企业、直播电商品牌企业和服务企业等于一体的直播电商产业集群
	打造特色直播电商经济联动区	结合各区县（市）产业发展特色，建设市级直播电商经济联动区，形成全市"一核多片"发展格局
	打造直播电商基地（中心）	培育一批特色突出、示范性强的直播电商基地

建设方向	建设内容	内容概述
构建直播电商产业生态	全力招引和培育直播电商平台	加大对国内外知名直播电商平台的招引力度，积极培育本地直播电商平台
	加大"头部"直播电商企业招引力度	集聚一批"头部"市场主体，给予政策支持
	支持直播电商品牌企业做大做强	发挥行业龙头企业参与直播电商的示范引领作用
	培育壮大本地直播电商服务企业	直播电商服务企业做大规模，与平台合作，传统电商服务企业开展直播带货
建设"直播+双循环"枢纽区	推动直播电商经济与国际贸易深度融合发展	跨境进口直播电商基地、跨境进口商品销售渠道、跨境出口直播电商产业链
	推动直播电商经济与中国（浙江）自由贸易试验区宁波片区（以下简称宁波片区）建设深度融合发展	在宁波片区进一步培育定制消费、时尚消费、"粉丝经济"等消费新业态，积极探索"互联网+特色产业"新模式
	推动直播电商经济与中国—中东欧国家经贸合作深度融合发展	打造中东欧文化直播传播中心和中东欧品牌直播运营中心
建设"直播+产业"引领区	打造"宁波制造"直播品牌	建立宁波"网红"产品目录，打造一批特色鲜明、亮点突出、影响力大、附加值高的直播电商产品与服务
	打造"宁波国际消费城市"直播品牌	"直播+导购"、专业市场特色街区"适直播化"改造、"线下展销、线上开播"

义乌自贸区直播电商产业综合发展策略与展望

续表

建设方向	建设内容	内容概述
建设"直播+产业"引领区	打造"文化宁波"直播品牌	"直播+文旅"
	打造"舌尖上的宁波"直播品牌	区域性特色农产品开展直播活动
建设直播电商经济规范发展示范区	创新政府服务管理体系	创新对直播电商行业的服务管理，切实发挥市场主体作用，做好引导和规范
	强化社会共治	发挥行业组织在信息内容标准制定、直播平台合规自律等方面的作用
	建立"诚信规范经营"认证机制	"诚信规范经营"评选认证、开展"绿色直播间"创建活动
强化资源要素供给	建立直播人才培育体系	建立健全宁波市直播电商人才认定标准和评价体系、培养新主播、培育有较强带货能力的知名主播
	构建科技支撑体系	企业开展直播新业态和运营模式创新
	完善金融服务体系	充分发挥电商产业基金引导作用、有针对性地开展投融资服务
	优化公共服务体系	促进直播电商生态链上下游企业间信息共享、合作发展、有序竞争，加强行业自律；组建直播电商经济行业智库

《宁波扶持细则》中明确扶持资金支持对象包括符合条件的直播电商平台企业、直播电商基地、网络直播经纪机构、直播电商品牌企业、直播电商代运营企业、直播电商示范（试点）创建主体等，目标是支持直播电商产业链企业引进、支持直播电商经济核心集聚区建设、支持直播电商基地建设、支持直播电商产业链企业做大做强、支持直播电商示范（试点）创建。

总的来看，宁波市在共性政策的基础上，充分发挥其进出口贸易、制造业等产业优势，构建了较为体系的政策，并提供了极为直接有效、可操作执行的资金扶持政策。

第三节　义乌市直播电商扶持政策

义乌市为了加快直播电商发展，推进"两个样板"城市建设，结合实际，于2020年制定《义乌市人民政府关于加快直播电商发展的若干意见（试行）》（以下简称意见）。主要内容包含以下5个条款。

（1）培育多渠道网络服务商（MCN机构），包括给予机构签约主播奖励、地方综合贡献奖励。

（2）加快直播电商基地建设，给予经认定的直播电商基地建设补助。

（3）支持企业直播销售，对企业、个体工商户采用直播方式销售产品给予奖励。

（4）加强直播电商人才保障，包括主播个人贡献奖励、人才子女入学、购房补助及技能培训奖励。

（5）营造行业发展氛围，对具有全国影响力的直播电商活动给予补助。

义乌市已建成直播电商基地20个、面积超30万平方米，抖音、快手平台的官方直播基地相继落地，并且美联荟直播基地入选省级电商直播基地。基地通过联动国内外各大直播官方平台，服务于义乌小商品城商户、品牌、成熟电商供应链及各地主播达人。近年来，央代CGTW优选直播带货基地、盈云直播基地、供销社直播大楼等直播电商产业载体纷纷落户于义乌市，在客观上有利于义乌直播品牌快速出圈。义乌直播电商基地建设能快速发展离不开其政策支持，在意见中明确指出对计容建筑面积超5 000平方米、年直播带货超6 000场的直播电商基地（非工业用地），经认定，按其实际投资额（不含土建）的50%给予一次性补助，最高500万元。

在直播电商产业生态链中，MCN机构在推动直播购物习惯形成、优化代运营服务等方面发挥着重要作用。义乌市市场发展委员会提供的数据显示，目前，义乌市拥有各类社交电商服务机构 40 余家。MCN 机构是内容生产者、平台方和广告方之间的中介组织，旨在支持内容的持续输出，帮助内容生产者更好地实现分发和商业价值变现。为能吸引更多优秀的 MCN 机构，促进义乌直播电商行业发展，在意见中指出，MCN 机构每签约一名服务义乌企业实现年应税销售额达到 2 亿元、5 000 万元、1 000 万元主播的，分别给予 MCN 机构 500 万元、80 万元、10 万元奖励。每家机构每年最高奖励 1 000 万元。对地方综合贡献额超 10 万元的 MCN 机构，给予地方综合贡献额 90% 的奖励。

同样，直播电商企业在整个产业中也是不可或缺的一部分，义乌市在意见中明确指出，对企业、个体工商户采用直播方式销售产品且年应税销售额超 500 万元的，按其销售额的 1.5% 给予奖励，每年最高奖励 100 万元。不仅促进了新形势新模式的发展，也促使参与其中的企业增加销售额、提升品牌曝光度、降低营销成本以及拓展用户群体等。

在整个行业中，留住人才对于直播电商产业运作是至关重要的，义乌市为加强直播电商人才保障，提出对粉丝数量超 100 万人或者帮助义乌企业年带货额超 1 000 万元的主播，给予个人地方贡献度 90% 的奖励。

除以上扶持政策外，意见还对经知名直播平台授权、年度线下直播电商培训超 1 000 人的服务机构，给予一次性 10 万元奖励。并且鼓励举办具有全国影响力的直播电商论坛、大赛等活动，经认定，按其实际支出费用的 50% 对举办主体给予补助，单次不超过 200 万元，这些政策能为义乌市营造良好的行业发展氛围。作为"世界超市"、超级产业带，义乌市的"一盘好货"和义乌市场的经济韧劲也吸引了百度、阿里、京东等互联网巨头关注，它们纷纷与义乌小商品城开启了合作共创。2024 年上半年，义乌市与 1688 达成战略合作，为义乌小商品城商家量身打造场景资源、营销活动、多平台一键分销、专属数字门牌及贴心服务，全方位帮助义乌小商品城商家开拓数字化业务增长模式，重塑线上业务新模式。

第四节 比较分析政策与建议

基于对深圳市、杭州市、临沂市、宁波市政策的简述，可以看出各地区的扶持政策存在共同之处，下面对此进行比较分析（表20），并为义乌市提出改进建议。

表20 地区扶持政策共同之处分析比较

地区扶持政策共同之处	地区	地区扶持政策详情	给予义乌市的建议
直播电商园区（基地）	深圳市	对获批成为国家级或省级电子商务示范基地的给予奖励	可将建筑面积和直播带货场数作为资助依据； 可以对获批为国家级或者省级基地的给予奖励； 可以结合带货量和主播数两方面改善现有的资助依据
	杭州市	对园区实际投资额进行资助	
	临沂市	电商基地的奖励主要根据面积、主播数量及带货量	
	宁波市	主要对运营满一年且符合条件的市级直播电商基地，依据其销售额进行补贴，同时对符合区（县、市）产业特色的新设直播电商基地，按照实际发生的建设运营软硬件投入、场地租赁等费用进行补贴，也支持被国家、省商务部门首次认定为直播电子商务类示范基地或首次成功入选国家、省级直播电子商务类示范案例的给予一定奖励	

续表

地区扶持政策共同之处	地区	地区扶持政策详情	给予义乌市的建议
直播应用	深圳市	对通过平台开展网络零售的企业给予奖励，并且为了积极发展数字商务，鼓励和引导企业积极应用先进信息技术创新发展，引领市场主体向数字化、网络化、智能化发展，对获批成为国家级数字商务示范企业的给予奖励，并且鼓励和支持培育特色显著、功能完善、能力开放的工业电子商务示范企业	引领企业积极应用先进信息技术创新发展；对优势产业的企业给予补贴
	杭州市	鼓励园区内企业委托区内直播企业销售产品，鼓励园区内企业采用直播方式销售产品，通过其销售额达到一定数额给予补助	
	临沂市	进行直播销售企业的销售额给予奖励和补贴	
人才体系	深圳市	以电商企业为主，企业引进和培育高端人才享受人才政策待遇，并对人才培养方面享有国家支持人才培养的税收激励政策	不仅可以对培训机构给予奖励，还可以对获得相关培训证书的基础性人才给予奖励；对电商人才创业给予重视，可借鉴临沂市政策给予其创业补贴和贷款支持
	杭州市	从招引、分类认定、培育培训、强化赋能、引领服务等方面构建人才培育体系	
	临沂市	明星主播引进：引进时比较注重有人气的主播 基础人才培育：细化到取得培训证书的给予补贴 电商人才创业：给予创业方面的人才创业补贴和贷款支持	

地区扶持政策共同之处	地区	地区扶持政策详情	给予义乌市的建议
电子商务平台	深圳市	重视引进大型电子商务平台；重点加速培育本地法人电子商务平台，对引进来的平台进行落户项目投资扶持	未来可以加大对国内外知名电商平台的引进政策，可以通过进行落户奖励和落户项目投资扶持并重点培育本地直播电商平台
	杭州市	强调引进国内新电商企业，加大招引力度，主要通过营业收入达到一定数额进行奖励	
	临沂市	着力于打造电商产业平台，包括直播电商培训机构，MCN 机构等，主要在头部主播和销售额达到一定额度时给予奖励	
	宁波市	采取加大对国内外知名直播电商平台的招引力度，积极培育本地直播电商平台的政策	

现对各市独特政策进行分析（表21），并结合义乌市的区位优势提出政策建议。

表 21　地区扶持政策独特之处

地区政策独特之处	地区	地区独特扶持政策详情
税收优惠	深圳市	支持被认定为高新技术企业的相关服务企业，给予税收优惠，特别包括员工教育经费以及人才培养的税收激励政策
金融保障体系	杭州市	支持金融机构与直播电商平台合作，创新有针对性的投融资服务，同时积极争取国家有关政策性金融机构的资金支持
优化直播电商发展环境	临沂市	鼓励引进国家级电商协会组织承办的行业年会，并根据参会人数及市外来宾数量给予补贴

义乌自贸区直播电商产业综合发展策略与展望

续表

地区政策独特之处	地区	地区独特扶持政策详情
直播电商产业链企业	宁波市	按销售额和收入首次达到一定金额范围给予不同的补助政策。其补助政策采取分档制，根据不同范围的收入给予不同的全额补助或差额补助

义乌作为中国最大的小商品集散地之一，位于长三角经济圈的核心地带，并且处于多条高速公路的交汇处，交通便利，在已有的发达物流网络和成熟的物流体系下，能为企业提供快捷高效的物流服务。在发达的小商品产业链中，形成了一定的产业集聚效应。对此提出以下政策建议。

（1）对协会或集合义乌市优势产业，并在第三方平台开设义乌商城，销售义乌制造、义乌品牌商品的企业给予补贴，最大限度地发挥义乌小商品优势。

（2）对于有模式创新、技术突破、引领推广作用的直播电商企业，每年认定一定数量的企业，对其当年实际研发投入的增长部分给予资助。

（3）发挥义乌产业集聚效应，"以商引商"推动其合作的品牌企业落地省级及以上总部。

第五章

义乌自贸区直播产业招商引资整体发展规划

第一节　义乌自贸区直播产业招商引资的整体规划

自贸区作为商贸服务业产业平台，要承担试验区、综合保税区等开放平台的建设任务，引导好社会主体的投资力量，激发创新主体的发展活力，畅通贸易渠道，推动贸易增长，提高投资的针对性和有效性。因此，义乌自贸区直播产业招商引资整体规划要紧扣平台主责主业，提升明确工作目标要求，在总体工作方向上把握以下四点。

一、走向国际、内外结合

义乌自贸区在推动直播电商平台的发展中，要始终把国际化视为核心战略。这不仅是为了扩展业务范围，还是基于一种深远的战略思维——以国际化和走出去的策略为导向，不断拓宽工作思路和实践举措。这种策略要求义乌自贸区"大开大合"，即在全球范围内放大平台的业务空间，通过国际合作创造更多资源，全力推动进出口贸易。这不仅包括超常规地扩大进口业务，也包括积极拓展国际贸易渠道，从而吸引更多国际级企业主体参与。

为实现这些目标，义乌自贸区应对直播电商平台将采取具体的国际合作策略，包括与国际直播巨头，如 TikTok、油管（YouTube）等建立战略合作，引入国际市场的高端资源和前沿技术。通过这些合作，义乌自贸区不仅能够提升自身的技术水平和市场竞争力，还能通过这些国际平台深入参与到全球市场中，有效推动进出口贸易，实现双向拓展和资源共享。这样的国际合作是义乌自贸区走向全球、实现平台国际化战略的关键一步。

一方面，义乌自贸区应与全球资源接轨，建立与全球顶级直播平台的长期合作关系，如与 TikTok、油管建立技术共享和市场开拓的合作框架。为此，相关部门应设立专门的国际合作办公室，负责与这些平台的技术和市场团队进行持续的沟通和协调，确保双方合作顺畅，导入国际先进的直播技术和运营经验，促进本地直播内容创新。

另一方面，义乌自贸区也应关注国际招商活动。在关键的国际市场举办招商会议和路演，如在美国硅谷、欧洲柏林、东南亚新加坡等地区，吸引国际投资者和企业进入义乌自贸区。通过义乌自贸区的国际办事处组织定期的国际招商活动，提供详细的投资指南和优惠政策，展示义乌自贸区在直播电商领域的发展潜力和已有成就。

二、项目为王、招商为要

在直播电商平台的发展过程中，项目招引一直是义乌自贸区工作的核心推动力。为了实现这一目标，义乌自贸区应采取"高举高打"的策略，不遗余力地寻求新的、优质的、能够带动整体发展的关键性项目。这些项目的选择和推动，特别是那些能够牵一发而动全身的支撑性项目，对平台的长远发展至关重要。此外，义乌自贸区应继续加强对电商、侨商、进口商、服务商"四商"的招引工作，以确保各方面的均衡发展和资源整合。

具体到战略项目招引，义乌自贸区的目标是努力招引新业态、新领域、新动能方向上的骨干企业。特别是国际船务公司、航空货运公司等行业龙头企业，以及促进跨境电商发展的平台服务商，如 TikTok、Shein 等，这些企业的引入将极大地促进自贸区平台的国际化和市场拓展。同时，义乌自贸区也应将重点关注那些围绕数字贸易提供原创性骨干技术的公司，如华为、科大讯飞等，以确保义乌自贸区在技术革新和市场竞争中保持领先优势。通过这些战略项目的招引和发展，义乌自贸区能够为直播产业的引入与发展带来持续的动力和广阔的发展前景。

具体来说，一方面，义乌自贸区应制定重点项目策略，重点吸引能推动跨境电商的直播电商龙头企业和技术创新型企业，如 TikTok、Shein。通过国际招商活动和直接联系策略，与这些潜在企业建立沟通渠道，介绍义乌自贸区的政策和市场优势，引导它们在义乌自贸区设立运营或研发中心。

另一方面，优惠政策实施要得到保障。义乌自贸区应为吸引直播电商领域的投资者提供有竞争力的优惠政策，如税收减免、土地使用优惠等，制定明确的政策框架、公开透明的申请和审批程序，确保政策的公平性和吸引力。

三、改革创新、突破带动

在推动直播电商产业引入的发展中，改革和创新是义乌自贸区引领工作的核心动力。为此，义乌自贸区采取项目化的方法来具体落实各项改革和创新举措，包括专注于解决当前物流体系和新业态发展中的短板，同时持续强化义乌自贸区的优势领域。具体策略包括优化物流规划，通过"两国双园"项目在义乌自贸区内推广创新实践，以及利用全球数贸中心和"一带一路"数据中心等重大项目推动国际贸易改革。此外，实施快递去中心化和电商快递一体化是降低物流成本、提高效率的关键步骤。

结合到创新生态建设的具体行动中，义乌自贸区应通过建立直播技术研发中心和支持本地化创新来加强技术创新。这不仅限于提升直播技术本身，还可以通过创新项目，如 AI 驱动的直播工具，促进技术和市场的整合。

此外，体制创新同样关键，义乌自贸区应谋求建立更灵活和市场化的管理体制，使其能够更好地适应电商和直播行业的快速变化，确保义乌自贸区在改革和创新的道路上持续前行。通过上述综合措施，义乌自贸区可构建一个既能响应市场需求，又具备前瞻性的创新生态体系，从而推动整个电商产业的可持续发展。

落实到具体规划层面，一方面义乌自贸区应创新生态建设，鼓励技术研发与创新。建立直播技术研发中心，支持直播技术本地化创新，如 AI 驱动的直播工具，参考工作思路中的"以改革和创新推动引领工作"。另一方面，义乌自贸区应寻求体制创新，建立一个更灵活和更市场化的管理体制，应对快速变化的电商和直播行业，响应"改革和创新突破带动"。

四、放大格局、合作联动

在深化功能建设和发挥中，义乌自贸区采取的主要策略是通过经济圈的推动优化经济布局，并通过横向合作与上下联动实现全链条的发展。这不仅是对义乌自贸区内部结构的优化，也涉及与浦江、武义、兰溪等周边地区的广泛合作。通过这种区域合作，义乌自贸区可以显著扩大其发展空间，并充分利用义乌自贸区特殊功能的延伸和发挥。

进一步的策略包括加强与物流干线上的重点地区的衔接，建设集拼仓和分拨基地等关键设施，这将优化物流效率并降低运营成本。同时，通过加强与制造业的合作，实现新型的贸工联动，帮助传统的贸易型企业向制造型企业转型，从而促进产业升级和经济结构优化。

与此同时，在区域合作与发展的框架下，加强与各方的合作，特别是在商贸综合体建设方面，将为电商等新兴业态提供更多的发展机会。这种多层次、多领域的合作模式不仅能够增强义乌自贸区的整体功能，还能为地区经济的整体发展带来更多的动力和活力。这些措施旨在充分发挥义乌自贸区的作用，推动区域经济的全面发展，为地方和国家经济贡献更大的力量。

　　具体来看，为进一步落实义乌自贸区区域合作与发展的工作，还要做出如下具体规划。一方面，义乌自贸区应加强直播电商发展的跨地区合作，与浦江、武义、兰溪等周边地区合作，建立区域直播电商的联合发展模式，扩大发展空间，符合工作思路中的"放大格局、合作联动"。另一方面，义乌自贸区应注重联合开发项目，开发直播电商特色区域，如设置集拼仓、分拨基地等，加强与制造业合作，推动贸易型企业向制造型企业转化。

第二节　义乌自贸区直播产业招商引资的策略建议

一、招引产业链主企业，紧密围绕产业招商

　　自由贸易区的建立对促进产业集聚和提升区域产业竞争力产生了显著影响。产业集聚不仅有助于降低交易成本，还能促进经济外部性的共享和技术创新的溢出效应，从而增强产业的整体竞争力。自由贸易区的园区化发展策略与产业集群的自然发展规律相契合，有利于形成以领军企业为中心的上下游产业链，进一步推动产业集群的形成和发展。

　　产业链的延伸是增强优势产业竞争力的有效策略。产业链的扩展能够增强对相关产业投资的吸引力。因此，推动优势产业企业扩大投资、延伸产业链条，并聚集上下游企业以降低综合配套成本，是实现主导产业进一

步发展的关键路径。招商引资是实现这一发展路径的有效手段，重点应放在吸引本区域主导产业链上的关键企业和其上下游关联度高的企业。

以产业规划促进招商工作，通过产业规划提炼招商项目，一些开发区运用产业集群理论，系统地设计出一套"特别地图"，即招商地图。具体方法就是对开发区重点发展的产业链进行细致分解，找出每个环节上的龙头企业，标出这些企业的地理位置，然后再有针对性地公关，争取将该企业引入开发区，从被动片段式招商转向主动集群式招商，目前中国电商行业产业链生态图谱如图 40 所示。

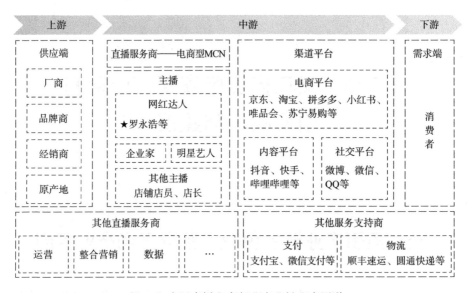

图 40　中国直播电商行业产业链生态图谱

图 40 中标注了直播产业链集群每一个环节的龙头企业，招商人员按图索骥，有针对性地引进相关的公司。这是对传统散点式招商引资模式的一次大胆革新。招商强化优势产业就是以上下游项目的集聚推进产业集中聚合发展。对于开发区招商引资来说，发挥企业在招商引资中的核心作用，尤其是产业龙头企业，往往能在它周围聚集起一条产业链，培育一个新增长点，形成"一棵大树集聚一片森林"的效应。因此应该把"招大引强"作为招商的主攻方向，通过引进一个在产业中占重要地位的核心企业，吸

引相关配套企业的投资。在大企业入驻之后，充分挖掘与之相关联的企业或项目资源，进行整合利用。义乌自贸区通过打造直播电商产业园区或集群，促进产业上下游的集聚。这样的集群效应不仅提高了资源利用效率，还促进了企业间的技术交流和合作。此外，义乌自贸区内还鼓励和支持研发创新，如通过合作与当地高校和研究机构，推动直播技术和营销策略的创新。通过这种方式，直播电商不仅可以提升自身竞争力，也能推动整个产业链的技术进步和产业升级。

通过努力，义乌自贸区能够吸引和培养一批具有竞争力的直播电商企业，从而加速其产业的集聚和发展，进一步强化其作为全球小商品中心的地位。

二、体制创新促进引资，建立适配考评机制

尽管义乌市面积仅 1.105 平方公里，且缺乏显著的自然资源优势，却拥有全球知名的小商品市场，然而工业发展一直是该市的短板。对于义乌市的长远发展而言，单纯依赖市场是不够的，必须在巩固和提升传统产业的同时，积极发展新兴产业。新兴产业不仅是产业发展的未来方向，也是城市发展的重要支撑，对于完善城市功能、吸引人口集聚、确保居民安居乐业具有关键作用，这也正是开发区肩负的历史责任。在当前不断变化的经济环境中，义乌市面临新的挑战和招商机遇，为了促进新兴产业的招商引资，需要在体制机制上进行创新，具体包括以下几个关键方面。

1. 管理体制创新

美国学者戴维·奥斯本和特德·盖布勒提倡采用"企业家精神"来对抗政府官僚体制，并提出了企业家政府理论，该理论主张将企业管理中的效率、质量、顾客友好和卓越服务的追求及科学管理方法引入政府改革。

这一理论的目标是提升政府的效率和活力，而非将政府转变为企业。他们警告说，如果政府过分专注于日常操作，可能会忽视了其战略方向，就像一个船长如果过分专注于划船，可能会忽视了掌舵一样。

在经济活动中，政府在招商引资中的角色应当是审慎的。在市场机制有效运作的环境中，政府应限制其直接干预，专注于提供公共产品和服务。在招商引资过程中，政府职能的转变是体制创新的关键部分。政府应从直接参与招商活动的每一个细节，转变为制定产业政策和招商导向，利用宏观经济政策工具引导招商的方向和目标。这样的转变能够让市场规律在招商活动中发挥核心作用，实现以小博大的效果。政府的角色应从"划船者"转变为"掌舵者"，这样政府就可以将更多的精力投入提供高质量的公共产品和服务中，从而优化投资环境。

2. 招商体制创新

首先，为了提升义乌自贸区的招商引资效率，需要构建一个重点招商项目库，并实施统筹协调机制。这要求自贸区招商局、规划建设局、国土局和财政局等部门协同工作，对重点项目进行全面评估，包括投资规模、规划选址、土地供应条件、预期财税贡献和就业潜力等。通过精心策划和包装，这些项目将被纳入项目库，并通过多渠道进行积极推广。

其次，要建立重大项目的动态招商机制。以产业布局和义乌自贸区规划为指导，制定项目异地流转的政策，确保重大项目的有序招引和落地。同时，需要打破行政区划限制，将不符合本区域产业规划的项目转移到更合适的区域。为了激励项目流转，应建立利益补偿机制，确保各区域在招商引资中实现共赢。

最后，搭建一个综合性的招商平台至关重要。这包括定期举办招商活动，针对特定产业定位，实施精准招商。同时，要充分利用义乌市及义乌自贸区的地理优势和城市特色，吸引全球500强企业和行业领军企业。此外，应加强与发达地区的金融服务、高新技术和文化创意产业的合作，通过专题推介活动推广义乌自贸区。信息是招商的关键，因此需要建立一个共享的信息平台，整合各类资源，确保资源的动态更新和透明度。同时，加强项目跟踪服务，实现活动平台、信息平台和项目平台的互联互通，确保资源共享和协调一致，从而推动招商引资的持续发展。

3. 考核机制创新

考核机制在行政管理中扮演着至关重要的角色，必须构建一个创新且合理的招商引资考核体系。这一体系不应单纯追求数量的扩张和增速的表面数字，而应注重质量和效益的实质性提升，避免陷入无目的的数字增长陷阱。在量化指标上应确定直播产业招商引资活动所带来的相关指标，义乌自贸区可以创新考核机制，通过多维度的评估标准衡量直播电商的业绩。这些维度包括但不限于销售额、观众互动率、品牌影响力增长、创新能力等。此外，考核可以引入消费者满意度和产品质量反馈，以确保服务质量和产品质量的双重保障。通过这种多维度的评估体系，不仅能全面了解企业的运营状况，还能促进企业在多方面进行优化和提升。

为了实现招商引资的科学决策，需要对相关评估指标进行加权和综合考量，全面分析其成本效益。这要求我们超越传统的单一指标评估方法，通过全面审视项目的各项因素，提升招商引资项目的整体质量，并确保所选项目与开发区的产业规划相匹配。在专家和企业的咨询建议基础上，引入社会监督机制，打破政府在项目招引中的单一决策模式。通过让所有利益相关者参与讨论和研究，可以得出更加科学和合理的结论。此外，开发区的财政和纪检部门应加强对招商引资活动的监督，特别是对优惠政策、经费预算和招商程序的监管，以确保透明度和公正性，防止不当行为的发生。

同时，在动态调整与实时反馈机制方面，考核机制应该具有动态调整的功能，以适应市场变化和企业需求的多样性。义乌自贸区可以利用大数据和人工智能技术，对直播电商的业绩进行实时监控和分析，根据市场反馈和企业表现调整考核指标和标准。实时反馈机制可以让企业及时了解自己在考核中的表现，及时调整策略和运营方向，这种透明和即时的反馈有助于提高企业的适应性和竞争力。

最后，应建立激励与约束并重的体系。在考核机制中，义乌自贸区需要平衡激励与约束，创新方式激励表现优异的企业，同时对表现不佳的企业施加适当的约束。激励措施可以包括税收减免、资金支持、优先权等优惠政策，而约束措施则可能包括限制某些业务活动、增加审查频次等。通过这种方式，既可以鼓励企业不断进步和创新，也可以确保整个直播电商生态的健康发展。

通过这些创新的考核机制，义乌自贸区能够有效地监管和促进直播电商产业的健康发展，同时能保证资源被有效利用，确保区域内直播电商的可持续发展和竞争力提升。

三、确立精准品牌定位，提高传统手段效率

1. 确立精准品牌定位

品牌定位是品牌识别过程中的关键环节，其核心是在目标受众心中确立品牌的独特地位。这一过程旨在通过明确区分品牌与竞争对手的差异，赢得受众的认可和忠诚。在当前自贸区之间日益激烈的同质化竞争中，塑造一个具有独特品牌特色的自贸区，并获得投资者的认同，显得尤为关键。品牌定位不仅是一门技术活，它要求我们运用科学严谨的思维方式，精心策划并采用恰当的策略和方法。定位工作应从产品本身着手，这里的"产品"可以指代一系列对象，如商品、服务、机构，甚至抽象的概念。在本

书的研究框架内，我们将"产品"定义为推介的自贸区本身。

首先，应强化特色资源整合。义乌自贸区应充分利用其作为国际贸易中心的优势，整合区域内丰富的商品资源和高效的物流配送能力。特别是通过提供具有竞争力的商品采购渠道和多样化的商品类别，满足直播电商在多变市场中的需求。此外，义乌自贸区可以设立专门的直播产业园区，集中高质量的直播设施和服务，打造成直播电商的首选地。

其次，应建立创新与技术前沿的形象。随着技术的发展，直播电商越来越依赖先进的技术提升用户体验和运营效率。义乌自贸区可以通过引入最新的直播技术和数据分析工具，如人工智能、增强现实等，提升直播内容的互动性和吸引力。通过打造一个科技前沿的形象，吸引那些寻求高科技解决方案的直播电商企业。

再次，自贸区应塑造国际化市场的品牌形象。其可利用义乌自贸区的国际贸易背景，强调其作为连接国内外市场的桥梁。自贸区可以推广其作为全球商品集散中心的优势，吸引国内外的直播电商进驻。此外，通过举办国际直播电商大会、展览和交流活动，提升自贸区的国际知名度，吸引全球观众和买家。

最后，应优化营商环境与政策支持。自贸区可以提供一系列优惠政策和支持措施，如税收减免、营业执照快速办理、金融和市场开发支持等，以降低直播电商的创业和运营成本。同时，通过简化审批流程、提供法律和市场咨询服务等，优化整个营商环境，吸引更多直播电商企业前来设立或扩展业务。

综上所述，义乌自贸区不仅可以精准地定位自己的品牌形象，还能有效吸引和服务于直播电商产业，促进区域经济的进一步发展和国际化。

2. 提高宣传手段效率

在招商引资过程中，广告宣传扮演着至关重要的角色。无论是通过宣传片、宣传手册，还是通过电视、报纸等传统媒体，这些宣传工具都能够有效触及潜在投资者。特别是在人流量密集的公共场所，如机场、火车站等，这些媒介能够直接与潜在的商业伙伴进行互动，从而对品牌定位产生深远的影响。在当前的招商引资竞争中，成功的关键已经转为在潜在投资者心中建立积极的形象。在信息时代，有效的传播是赢得竞争的关键，而广告作为传播的传统方式，其直接性和影响力不容忽视。因此，如何巧妙地运用这些传统广告手段塑造自贸区的品牌形象，赋予其独特的个性，并在投资者心中留下深刻印象，是一个值得深入探讨的课题。

在广告领域流传着一句至理名言："我确信至少有一半的广告预算被浪费了，但令人困惑的是，我无法确定是哪一半。"这一观点在当前广告投入日益增加却收效甚微的背景下显得尤为贴切。特别是在政府招商引资的广告宣传中，尽管每年投入巨额资金，但往往难以看到预期的成效。这种效果不佳的主要原因在于，许多广告活动在缺乏精准定位的情况下便草率推出，导致了资源的浪费及一些不可预见的负面后果。因此，在广告和其他宣传手段中，准确定位的重要性堪比外科医生在手术中精准下刀，对于确保宣传效果至关重要。广告界的传奇人物大卫·奥格威曾强调，在营销领域中，定位策略至关重要。在他的著作中，他将定位列为"38 种具有销售力的方法"之首，并指出："定位是营销策略中最关键的决策。广告的成功更多地依赖于产品定位的精准性，而非广告制作的方式。"在招商引资的宣传工作中，提升传统宣传手段的效果同样需要精准的品牌定位和对目标招商群体的深入理解。必须根据不同的招商对象，制定相应的定位策略，并围绕这些对象策划广告和其他宣传手段，以实现精准营销，提高招商成功率。简而言之，广告的最终目标是给潜在投资者留下深刻印象，激发他们的兴趣和情感，从而促使他们采取行动。

四、创新招商引资方式，策划主题中介招商

1. 营销手段与时俱进

传统的招商引资策略常采用广泛撒网的方式，这种"一对多"的模式往往难以实现"一对一"的精准对接，从而有效识别并吸引潜在投资者。随着移动互联网技术的飞速发展，我们现在能够更精确地收集和分析消费者的消费习惯，进而构建详尽的数据库。相较于传统 PC 端收集的数据，移动端所提供的信息更精确、全面。在现代招商引资活动中，数据库的运用变得至关重要。通过对这些数据进行深入分析，我们能够更精准地进行广告投放，并确保策划方案能够高效实施。

首先，可考虑引入先进的直播技术和工具。义乌自贸区可以积极引进并支持使用最新的直播技术，如 4K 高清直播、360 度全景直播、增强现实（AR）和虚拟现实（VR）等。这些技术能够提升直播的观看体验，增加用户的参与感和沉浸感。例如，使用 VR 技术让观众能够在虚拟环境中"亲临"产品展示现场，提高购买意愿。

其次，可考虑利用大数据和人工智能进行赋能。义乌自贸区可以进一步发展和优化大数据分析中心，帮助直播电商实时分析观众的行为和偏好，优化直播内容和策略。例如，通过分析观众的互动数据，直播电商可以调整推广的商品种类和直播时间安排。此外，人工智能技术如自动化客服和个性化推荐系统也可以提升用户体验，增强用户黏性。

再次，可考虑开展跨界合作。义乌自贸区可以鼓励直播电商与其他行业如旅游、时尚、美食等进行跨界合作。通过联手地方政府、旅游局、大型购物中心等，开展特色直播活动，如"带货"直播节、主题促销活动等，这不仅能扩大直播电商的观众群体，也能提升义乌自贸区的整体商业氛围

和品牌影响力。

最后，应重点培育直播电商人才和团队。义乌自贸区可以与当地高校合作，设立直播电商相关的教育和培训课程，培养专业的直播销售、市场营销、数据分析等人才。此外，义乌自贸区还可以设立创业孵化器，为新兴的直播电商提供启动资金、办公空间和业务指导，帮助他们快速成长。

通过这些策略的实施，义乌自贸区不仅能够有效吸引直播电商企业，还能助力这些企业通过新兴的营销手段实现持续成长和发展，同时增强义乌自贸区的经济活力和国际竞争力。

2. 策划主题招商引资

正确的策略是成功的关键，正如没有明确主题的文章难以吸引读者一样。在招商引资领域，即便是面对那些尚未表达出明确投资意向的企业，也需要构建一个普遍适用且吸引人的招商主题。对于有明确产业导向的重点招商引资活动而言，精心策划的主题更是整个招商过程的核心，它在很大程度上影响着招商的成效。招商主题应被视为在现代和科学招商理念的指导下，基于对招商总体目标、预期目标和投资者需求的深入理解，并结合区域的具体情况和特色所制定的高效招商策略。这一主题可以是宏观层面的战略规划，如创建一个专注于高新技术的产业开发区；同样，它也可以是针对特定目标的微观层面的战术规划，如某个经济实体为吸引特定投资者而设计的特定策略。义乌自贸区在招引直播电商进行策划主题招商引资的过程中，可以采取以下几个策略。

第一，主题定位和市场细分。确定吸引直播电商的主题方向和市场细分是首要步骤。义乌自贸区可以根据其丰富的商品资源和国际贸易优势，选择特定的主题，如"全球直播购物节""跨境电商直播枢纽"等，以此吸引专注于跨境电商、时尚、家居等不同细分市场的直播电商。

第二，制定优惠政策和支持措施。为吸引直播电商入驻，义乌自贸区可以提供一系列优惠政策，如减免税收、提供创业资金、优惠的场地租赁政策等。同时，义乌自贸区可以建立一站式服务平台，帮助新企业快速完成注册、获得必要的营业执照和其他行政审批，简化入驻流程。

第三，建设基础设施并提供技术支持。在基础设施建设上，义乌自贸区应提供高标准的直播设施，如高速的互联网连接、专业的直播间、多功能的展示区等。此外，义乌自贸区应引进最新直播技术和工具，如 AR/VR、高清摄像设备、专业的灯光和音响系统，以提升直播质量和效果。

第四，举办主题招商活动。定期举办以直播电商为主题的招商活动，如研讨会、论坛、展览等，邀请行业内的领军人物、成功企业家分享经验，提供行业洞察。这不仅能增强义乌自贸区的品牌形象，也能提供一个交流和展示的平台，吸引更多的直播电商关注和入驻。

第五，促进企业间合作与网络建设。促进已入驻的直播电商与本地供应商、制造商、物流企业等建立合作关系。通过组织供应链对接会、合作交流活动等，帮助直播电商更好地融入本地市场，同时为本地企业提供新的商业机会。

第六，加强国际合作与推广。利用义乌市的国际贸易网络，建立与海外电商平台和直播公司的合作关系，吸引国际直播电商进驻。同时，通过国际会议、展览等活动，在全球范围内宣传义乌自贸区的直播电商环境和政策优势。

通过以上策略，义乌自贸区不仅能有效吸引直播电商企业入驻，还能为这些企业提供成长的良好环境和必要支持，推动整个区域经济的发展和国际化进程。

3. 大力推广中介招商

中介招商是一种政府与投资者之间通过专业中介机构搭建桥梁的招商引资模式。在这种模式下，政府授权中介机构依据区域发展需求，向全球投资者推介招商项目。中介机构作为连接双方的纽带，通过精准匹配双方需求，策划并实施招商引资活动，以促进投资合作的实现。这一模式不仅遵循市场规律，而且符合国际商业惯例，在我国正迅速普及，并在招商引资领域扮演着日益关键的角色。

招商中介机构的范畴广泛，包括但不限于项目设计公司、招商代理、企业管理咨询、会计、税务和法律服务等。这些机构由于服务众多企业，因此能够广泛接触并掌握企业的投资动向。特别是对于希望进入中国市场的外资企业，这些中介机构在提供必要的注册、税务和法律服务的同时，能够迅速将投资者的需求与合适的招商项目相匹配，确保了招商活动的高效率和时效性。义乌自贸区在推广中介招商引资的过程中，可以采取一系列策略，以充分利用中介机构的资源和专业能力吸引直播电商企业。以下是详细的操作策略。

第一，中介机构的选择与合作。选择具有良好声誉和丰富经验的中介机构是关键。这些机构应该具备国内外市场的广泛联系网络，能够提供市场分析、法律和财务咨询等服务。义乌自贸区管理机构可以与这些中介机构建立合作关系，共同开发针对直播电商的招商引资计划。

第二，制定合作模式和激励机制。明确与中介机构的合作模式，包括佣金比例、服务费用等。制定有效的激励机制，如根据成功引入直播电商的数量和质量给予奖励，这样可以激发中介机构的积极性，更加主动地推广义乌自贸区。

第三，提供专业培训和支持。对中介机构提供必要的专业培训，确保他们充分了解义乌自贸区的政策优势、基础设施、行业发展状况等，这样中介机构在与直播电商沟通时能更有效地展示义乌自贸区的吸引力。

第四，共同开展市场推广活动。与中介机构共同策划和实施市场推广活动，如在重要的电商、科技和贸易展览会上设立展位，共同参与线上和线下的推广活动，利用中介的渠道和客户基础进行宣传。

第五，优化中介服务体验。简化中介机构在自贸区内操作的行政流程，提供一站式服务窗口，帮助中介机构高效完成项目落地所需的各类手续，从而提高中介的工作效率和满意度。

通过这些策略，义乌自贸区可以有效地利用中介机构的专业能力和网络资源，大力推广直播电商的招商引资，促进经济发展和行业创新。

五、加强招商队伍建设，提升招商专业水平

招商引资是一个复杂的过程，它涉及信息的收集、筛选，并集中力量针对关键领域进行突破。这一过程不仅需要社会各阶层的广泛参与，而且尤其依赖一支专业的招商团队。这支团队的专业素质和能力是招商引资成功与否的决定性因素。新加坡的经济发展局在招商引资方面的成功经验表明，拥有一支由行业专家组成的专业团队至关重要。这些专家对相关项目和产业发展趋势有深入的了解，能够确保引入的企业具备持续的市场竞争力。因此，加强招商人才队伍建设应被视为招商引资战略的核心组成部分。对于义乌自贸区而言，在吸引直播电商企业的过程中，构建一支高效的招商团队是提高招商效率和成功率的关键。这要求招商团队不仅具备专业的行业知识，还要能够准确把握市场动态，以便更好地服务于招商引资的目标。为了确保义乌自贸区招商队伍建设与直播电商引入的紧密结合，可以采取以下策略和措施，旨在加强招商队伍的建设。

第一，专业培训专注于直播电商特性。培训内容应深入直播电商的核心运营特征，包括直播平台技术、内容创意、观众互动技巧、数据分析、电商法规和流行趋势等。此外，还应提供有关直播工具和软件的实际操作培训，以及如何有效地利用社交媒体进行市场推广。

第二，跨部门合作强化直播电商服务。设立一个专门团队，负责协调义乌自贸区内的技术支持、法规指导、市场分析等部门，共同为直播电

提供全方位服务。例如，技术支持可以帮助新企业搭建高效的直播基础设施，法规指导则能确保企业活动符合当地及国际电商法律。

第三，引进行业专家聚焦直播电商领域。吸引具有直播电商背景的行业专家加入招商团队或作为顾问，他们不仅能提供深入的市场和技术见解，还能帮助义乌自贸区直接接触到顶尖的直播平台和知名主播。

第四，多元化团队加强内容与技术能力。确保团队中有专门从事直播内容创作和数字营销的人才，以及懂得直播技术支持的技术人员。这样的多元化配置可以更好地理解直播电商的需求，为他们提供具体的解决方案。

第五，采用先进工具支持直播电商数据分析。引入先进的数据分析工具，如实时观众反馈分析软件、用户行为追踪工具等，帮助直播电商精准调整策略，同时为招商队伍提供有力的数据支持，用以改善招商策略和效果。

第六，建立专门反馈通道针对直播电商。设立针对直播电商的反馈系统，收集他们对义乌自贸区提供服务的评价，及时调整和优化招商和服务流程，确保满足这一特定群体的需求。

通过这些措施的实施，义乌自贸区的招商队伍将能更有效地针对直播电商领域的特定需求，吸引和服务这一新兴而快速发展的行业，从而推动义乌自贸区的经济发展和技术创新。

六、建设完善主播生态，探索全新技术领域

电商直播领域的健康发展依赖主播生态系统的完善，这不仅关系到主播个体、平台运营方、商家，也对整个义乌自贸区内的电商直播行业产生深远影响。当前，随着越来越多的主播加入电商直播领域，他们在专业技能和综合素质方面往往存在不足。同时，平台在主播流量分配上往往显示出不公平的倾向。为了实现主播的长期发展并保持其市场竞争力，构建一

个专业的团队显得至关重要。此外，义乌自贸区内的电商平台应当通过政策支持，特别是对中、腰部主播的扶持，促进整个行业的均衡发展。

1. 打造专业主播团队

在直播电商生态中，主播扮演着核心角色，其言行和价值观念对观众产生深远影响。为了呈现一场成功的直播，对主播团队的专业素质和协同能力有着极高的要求。一个专业的主播团队应涵盖主播、助理、现场控制人员、策划执行者和辅助主播等关键角色。直播的筹备阶段涵盖了招商、产品选择、供应链管理、质量控制、客户服务、运营和宣传等多个环节。这些环节中的任何疏漏都可能导致连锁反应，影响整个直播的效果。例如，某知名主播在展示不粘锅时，因使用了未经测试的新锅而导致演示失败，这暴露了主播团队在准备和产品熟悉度方面的不足。同样，另一名主播在直播中销售的假冒"皮尔卡丹"羊毛衫事件，也凸显了团队在产品筛选和管理流程上的缺陷。这些事件强调了直播团队专业素养的重要性，以及对产品质量和诚信经营的承诺。一个专业的主播团队应具备深入的商品知识、迅速应对突发事件的能力，以及维护消费者权益的责任感。只有这样，主播才能赢得观众的信任，建立起忠实的观众群体，并在竞争激烈的直播市场中不断进步。对于主播团队而言，深入了解即将直播的商品并运用专业知识进行有效推广是至关重要的。主播应具备灵活应对突发状况的能力，并能够与观众进行实时互动。团队应能够精心策划直播内容，设计产品展示结构，并与粉丝及商家建立良好的沟通桥梁。此外，团队还应致力于优化直播流程，提升供应链管理，并提高与品牌合作的效率。MCN 机构在此过程中扮演着关键角色，它们需要为主播提供系统的专业化培训，完善考核机制，并建立相应的奖惩体系。同时，MCN 机构应积极吸引电商直播领域的专业人才，以打造一支既优秀又专业的主播团队。在电商直播行业层面，规范化发展成为必然趋势。例如，2020 年 5 月 8 日，义乌市人社局为

19 名主播颁发了浙江省首批电商直播专项技术和职业能力认定证书。同年 7 月 6 日，人社部公布了包括互联网营销师在内的 9 个新职业，这标志着电商直播行业正逐步走向规范化。未来，主播持证上岗和职业化将成为行业发展的新常态。专业的主播团队和高质量的直播内容是吸引观众并促进销售转化的关键。通过吸引观众定时观看直播，并引导他们进行购买和复购，可以形成一种良性的商业循环。

2. 扶持中、腰部主播

随着电商直播市场的不断成熟，主播的销售表现已成为影响平台决策的关键因素。目前，知名品牌倾向于与顶尖主播合作，而新兴品牌则更愿意投资于整个直播项目。尽管如此，中、腰部主播尽管在数量上占据优势，但在市场竞争中尚未凸显其潜力。鉴于电商直播行业仍处于成长阶段，中、腰部主播仍拥有巨大的发展空间和市场机遇。为了促进电商直播行业的健康发展，优化长尾生态显得尤为重要。义乌自贸区内的电商平台应将资源向中、腰部主播倾斜，通过调整流量分配策略，为这些主播提供更多的曝光机会。这不仅能够为新兴主播创造成长空间，还能为平台吸引和保留优秀人才。此外，平台还应加强对中、腰部主播的专业培训。例如，建立电商直播学院，定期邀请顶尖主播分享实战经验，并通过奖励机制、资金支持和入驻优惠政策激发他们的积极性。随着越来越多的一线品牌加入直播电商领域，以及明星、行业专家、企业家和知名主持人等各界精英的参与，电商直播行业正迎来新的消费群体和市场活力。这些变化预示着未来电商直播行业有望形成新的竞争格局，为行业参与者提供更广阔的发展机遇。

3. 积极引入虚拟主播

根据《中国二次元内容行业白皮书》的初步统计数据，2023 年，中国泛二次元用户群体的规模已经增长至 4.9 亿，其中约有 1.2 亿用户被认为是核心二次元爱好者。随着 Z 世代年轻人逐渐成为社会的主要力量，二次元文化不仅在发展中占据了更加重要的地位，而且正逐渐成为市场的主要趋势。这一趋势推动了二次元产业在市场占有率上的增长，其商业价值和消费潜力也在不断增强。在这一背景下，虚拟主播作为年轻人对多元文化探索的体现，开始进入电商直播领域，打破了传统圈层的限制。虚拟主播的出现不仅吸引了原本对直播不甚关注的二次元用户群体，而且引起了品牌的关注，从而扩大了电商直播的商品种类和市场覆盖范围。虚拟主播的引入为用户带来了前所未有的新鲜感和对未来的期待，预示着电商直播领域的新发展方向。与需要较高成本投入和受限于工作时间的真人主播相比，电商领域的虚拟主播展现出显著的优势。这些虚拟主播能够实现数据的轻松复制，保持人物设定的一致性，并具备极高的灵活性，使它们能够实现全天候不间断的直播。展望未来，随着技术障碍的逐步克服，虚拟主播有望在电商直播领域扮演更加重要的角色，甚至可能取代部分真人主播。因此，对虚拟主播的培养和发展应受到重视，它们有潜力重塑直播行业的生态和用户体验。

第六章

义乌自贸区直播电商新业态产业升级对策

"十四五"期间是义乌市直播电商产业高质量发展的关键阶段,直播电商正经历从无序到规范、从广度到深度的质变。在此过程中,我们需要高质量的国民好品,给消费者以信心,给品牌以价值;我们需要高水平的平台和机构,依法合规地加强对网络主播的管理和约束;我们需要高站位的行业理念,引领产业、守住底线、向上向善,各市场主体协同发力,才能让直播电商逐步进入规范化、专业化、高质量发展的新时代。

第一节　完善法律法规，推进法律治理

治理直播电商行业乱象，加强行业监管，当务之急应当根据现有的法律体系，厘清带货主播的法律身份和法律责任，明确主播、平台和商家等法律主体的权利和义务，做好《中华人民共和国广告法》《中华人民共和国消费者权益保护法》和《中华人民共和国电子商务法》等上位法和新出台的直播电商行业规范、指导意见之间的衔接问题。唯此，才能让立法、司法过程真正体现公平正义的原则。

一、健全法律身份

通过对带货主播角色的细致分析，我们可以清晰地看到，他们在直播电商这一新兴营销模式中扮演着至关重要的角色。带货主播不仅在法律上拥有多重身份，而且其行为受到《中华人民共和国反不正当竞争法》《中华人民共和国产品质量法》《中华人民共和国消费者权益保护法》《中华人民共和国广告法》《中华人民共和国电子商务法》等多部法律的规范。因此，主播需要承担包括民事责任、行政责任乃至刑事责任在内的多重法律责任。以传统广告代言人为例，他们在代言时主要利用个人形象提升商品的可信度和影响力，而对广告内容的设计和制作并不具有决定性作用，然而在直播电商领域，尤其是助营式主播在推广品牌产品时，他们及其经纪团队不仅主导广告内容的策划和推广，而且在直播间内对商品广告的内容和预期效果具有决定性影响。品牌方在这一过程中的参与度相对较低，他们更关注最终的销售业绩。在这种情况下，主播在直播间推荐产品的行为，实质上是一种广告设计、制作和发布的过程。实际上，许多知名网红已经不满足于仅进行带货代言，他们通过组建自己的团队，实现了从合同承接到广告设计、制作、发布及代言的全流程运作。这一系列行为使得主播在法律上同时具备广告主、广告制作者、广告代言人和广告发布者的多重身份。因此，在这种法律身份下，主播不仅要承担"广告发布者"和"广告代言人"的法律责任，还应承担《中华人民共和国广告法》所规定的"广告经营者"的相关责任。根据《中华人民共和国广告法》的规定，如果主播违法发布虚假广告，或在明知或应知广告内容虚假的情况下仍参与设计、制作、代理，他们除了可能面临行政责任外，在严重情况下还可能构成虚假广告罪。

此外，如果直播平台允许主播在其直播间内嵌入第三方电商链接，使消费者能够直接跳转至产品页面进行购买，这在实质上相当于平台默许了直播间的广告发布行为。在这种情况下，平台和主播应共同被视为广告营销活动中的广告经营者。当出现广告违法行为时，如果平台未能履行其审核和监管职责，也应与主播共同承担相应的法律责任。这不仅有助于明确平台的法律责任，也有利于加强对直播电商行业的规范和治理。

二、信用惩戒机制

随着直播电商行业的迅猛发展，建立信用体系作为行业准入标准显得日益重要。在这一背景下，对于那些拥有庞大粉丝群体却从事"流量收割"或追求"快速获利"的网红主播，将个人信用状况与直播权限挂钩，成为直播电商领域信用监管制度设计的关键考量。最近，商务部对外发布了

《直播电子商务平台管理与服务规范》的征求意见稿，旨在广泛听取社会各界的意见和建议，以期形成更完善的行业规范。该征求意见稿提出"对直播营销人员服务机构、主播及商家等建立信用评价体系，信用评价信息宜在平台进行公示"，从而引导和促进电子商务平台经营者依法履行主体责任，营造良好的电子商务消费环境。❶针对互联网的虚拟特性，征求意见稿明确提出，直播的主体"不得是在虚假广告中提出建议，证明曾受到行政处罚且未满三年的自然人、法人或者其他组织"。这些惩戒措施将对直播电商行业存在夸大宣传、虚假宣传等问题的相关主体起到震慑作用。信用的透明度与共享机制是构建诚信联合惩戒体系的基石。在直播行业中，主播、商家及直播服务机构的信用状况不仅应向公众公开，还应通过信用共享平台被各相关方所知晓。一方面，消费者的反馈和评价应成为引导行业发展的关键指标；另一方面，建立一个有效的联合惩戒机制显得尤为必要。对于直播平台而言，应根据主播的信用等级，实施相应的监管措施和权限分配，以保障消费者评价的公正性和透明度。同时，平台需要在技术层面确保信用等级和消费者评价的公开性，使之成为直播服务评价体系的一部分。

第二节　突出平台自治，强化数字治理

直播平台作为直播电商活动的主要平台，承担着连接商家、主播与消费者的关键职责。尽管平台受益于避风港原则，其内容审核的责任标准相对较低，但随着直播电商领域问题的日益增多，直播平台需要承担起更为

---

❶　高凯,钟肖英.电商直播带货产业高质量发展提升路径研究[J].商业经济,2024(6):53-57.

严格的监管责任。根据《中华人民共和国电子商务法》和《网络直播营销管理办法》的规定，直播平台在直播电商的准入审核、日常运营监管、消费者投诉处理及维权协助等方面，均应履行其法定的责任和义务。

一、严控主播资质，提高平台准入门槛

网络直播的低门槛、普及性、草根性和便捷性等特性虽然促进了直播带货市场的蓬勃发展，但同时导致了主播素质的不均衡。带货主播的专业素养直接关系消费者满意度和评价的好坏。因此，电商平台应当提高主播的准入标准，严格审核其带货资质，并建立完善的网络直播销售许可证制度与主播准入机制。

首先，所有主播必须进行实名注册，并通过平台规定的考核与审查。在正式成为带货主播之前，他们必须参加相关的职业资格和行为规范培训。电商平台应禁止未经培训和考核的主播从事带货活动，并推广全国范围内的电商主播从业资格培训与考试制度。同时，平台需要实时监控主播的直播内容和行为，并与电商直播行业协会合作，定期对主播的职业资格和行为操守进行审查，加强对主播和相关从业人员的职业道德、专业培训及法治教育，以提升他们的媒介素养和道德素养。

其次，作为商品的"隐形代言人"，带货主播在进行直播销售前必须严格遵守《中国互联网管理条例》《中华人民共和国消费者权益保护法》《中华人民共和国广告法》《中华人民共和国电子商务法》等相关法律法规。他们需要全面了解所售商品的信息，尤其是化妆品、食品和药品等直接用于人体的商品，并查阅相关证明材料，确保所售商品具有生产许可证且经过质量检验。电商平台还应定期进行抽查，以防止无资质或劣质产品进入市场。对于违反平台规则的主播，电商平台应将其违规信息和身份信息报送给相关政府监督部门，并依法处理。一旦主播被列入黑名单，他们将被禁止在全国范围内的任何电商直播平台进行带货活动。

二、加强行为监管，探索协同管理机制

探索主体自律、政企协作、行政监管"三位一体"的协同管理机制，督促互联网平台落实主体责任，避免平台滥用避风港规则，在平台、商家、消费者三者之间形成利益的平衡，制定平台内部广告监管机制，规范并监测广告发布者、信息提供者及其他相关主体的广告活动，一旦发现违法广告及时固定证据并主动提供违法线索，政企协同监管净化互联网广告源头。❶ 电商平台应积极推动有条件的主播团队及其经营实体构建一套标准化的供应链审核机制。这一机制应涵盖对生产商和经销商资质的严格考核、对产品质量的检验报告的审核，以及对产品宣传资料的合法性审查。为此，应配备专业的律师和法务团队，以确保所有宣传材料均符合相关法律法规的要求。同时，电商平台应充分利用其资源和优势，与第三方检测机构合作，实施随机抽样和产品检测。这不仅有助于提升产品质量的透明度，还能为电商经营者与检测机构之间建立长期合作关系提供支持。通过这种合作，可以确保供应链中的每一环节都能达到高标准的质量要求，从而增强消费者对电商平台的信任度。

三、完善相关机制，改善平台生态环境

1. 惩罚约束和先行赔付机制

电商平台亟须构建一套全面的惩罚和约束机制，以对存在不当行为的

---

❶ 高凯,钟肖英.电商直播带货产业高质量发展提升路径研究[J],商业经济,2024(6):53-57.

主播及其团队实施有效制裁。这些制裁措施应包括但不限于限制直播间的流量、实施经济处罚及要求缴纳高额保证金。这些措施可以显著提高主播违规行为的成本。特别是一旦主播涉及销售假冒伪劣商品或进行虚假宣传等违法行为，平台应立即启动保证金机制，利用保证金中的资金对消费者进行先行赔付，以保障消费者的合法权益。此举不仅能够及时补偿消费者的损失，还能有效遏制不诚信的商业行为，维护市场的公平竞争和消费者权益。

2. 纠纷线上化解机制

为了提高消费纠纷的解决效率，监管部门与直播电商平台应联合建立一个线上消费纠纷解决机制。当直播购物引发消费纠纷时，如果消费者与商家无法达成一致或联系不上商家，他们通常只能通过行政投诉或司法诉讼来维护自己的权益。尽管现有的投诉举报渠道已经多样化，包括网站、手机应用程序和微信小程序，但由于行政效率和资源的限制，这些渠道仍然存在成本高昂和处理周期长的问题。这种解决方式与直播电商的便捷、快速特性不符，也降低了消费者维权的积极性。事实上，大多数消费者的要求相对简单，如退款或换货。如果能够建立一个成熟的线上纠纷解决机制，允许消费者、平台和商家先行进行调解，只有在涉及违法行为时才由执法机构介入，将大大提高消费者维权的效率。此外，将投诉举报与直播平台的维权服务相结合可以更有效地保护消费者权益。执法部门在接到举报线索或在商家主体登记中发现风险信息时，也可以及时在平台上发布风险预警，使平台和商家能够及时了解典型案例和风险点，从而开展自查自纠，预防潜在问题的发生。

3. 监管合作机制

为了加强监管效率并提升网络交易的合规性，建议建立监管部门与电商平台之间的紧密合作机制。这一机制应超越传统的属地管理模式，通过在电商平台和短视频平台设立专门的监管机构，实现更直接的监管和指导。一方面，这些监管机构将负责监督和指导平台执行主体资格的核验审查，以及对不合格主体的退出清理，从而规范电商经营资质。这将有助于确保所有参与网络交易的主体都符合法律法规的要求。另一方面，监管部门与平台应联合打击网络交易中的违法行为，建立新型的线上案件处理模式，完善在线协查和快速协查机制，以便更有效地处理网络违法案件。同时，应共同努力构建跨区域的网络监管执法机制，如推进长三角地区线上线下一体化的联动执法，以提高监管的覆盖面和效率。

第三节　创新技术手段，引导多元共治

一、推行行业自律

政府规制通常存在一定的滞后性，这在直播带货行业的快速发展中表现得尤为明显。由于行业发展迅猛，政府的治理能力往往难以跟上监管需求，导致监管存在缺口。为了及时填补这些缺口，行业协会的介入显得尤为重要，然而行业协会所制定的自律规范通常缺乏法律强制力，这使得行业规范与现有法律规范的衔接成为实现直播电商行业有效治理的关键。行业协会、企业团体在标准制定、引导行业规范发展方面具有一定优势，应当积极引导和推动相关组织参与直播电商的行业治理。例如，引导广告行业组织积极发挥模范带头作用，广泛吸纳当地重点企业、媒体平台入会，定期开展业务沟通交流、技术研讨、建议提交等活动，通过签订诚信经营倡议（承诺书）、开展"净网清源"活动等方式，引导直播电商参与者依法依规从事直播间营销活动，加强行业自律，推动电商广告行业诚信建设。❶在"2020中国电子商务大会"上，来自阿里、京东、拼多多、快手等30余家企业和平台经营者，共同发起和签订了《直播电商行业自律倡议书》，倡导坚持以人为本的经营理念，多方联动，妥善处理消费者诉求；坚持合法合规的经营准则，督促主播、平台经营者及商家诚实守信，合法经营等；还可以在组织从业人员资格培训方面下功夫，完善新进创业者的培训服务，除在运营管理、技术指导和信息交流等方面开展培训教育外，更要增加从业者德育和法治教育培训，从行业内部提高从业人员的职业道德水平和社会责任感。❷

二、创新监管手段

1. 大数据+监管

在直播电商内容监管领域，大数据和人工智能技术的引入显得尤为关键。传统的人工审核方法在处理互联网广告违法行为时，不仅耗时耗力，而且覆盖率和准确性有限，导致监管效果不尽如人意。考虑到直播间内容的即时性和多样性，人工审核几乎无法全面覆盖。因此，利用大数据和人工智能技术对互联网广告进行监管，可以显著提高监管的效率和准确性。通过大数据分析和人工智能学习，可以构建一个"智慧大脑"，对海量的电商广告和直播内容进行实时分析和研判，识别并筛选出违法违规的广告内容。将这些筛选结果及时同步至直播平台和监管部门，可以实现监管的无

❶ 黎思好.电商直播行业存在的问题及改进策略[J].产业创新研究,2023(23)：102-104.

❷ 王钰铮,王超,王晓华.基于产业链生态的直播电商风险与对策建议[J].商业经济,2022(11):118-120,139.

缝对接。直播平台可以利用这些信息，在直播间内触发预警机制，提醒主播注意广告内容的合法性，并在必要时向观众发出风险提示，防止他们受到虚假广告的欺骗。对于屡次警告仍不改正的主播，平台可以采取下架购买链接、关闭直播间、冻结商家账户等措施，以保护消费者的利益。同时，将预警信息推送给当地监管部门，不仅可以提高监管部门的工作效率，确保其在直播电商治理中更加精准和高效，还有助于监管部门及时收集和保存证据，为事后追责提供便利。

2. 区块链技术

在执法取证领域，区块链技术的引入具有革命性的潜力。区块链技术以其去中心化、不可篡改和透明性的特点，在对等网络环境中遵循着可信的规则，这些特性使得区块链在数据保存方面具有不可伪造、不可篡改和可追溯的优势，这对于直播电商治理过程中的证据保存尤为重要。直播电商的监管困境之一便是如何高效、准确地保存和提取直播间的音视频、图片和流量销售数据。区块链技术可以为监管部门提供强有力的数据支撑，从而加强直播电商的规范治理。例如，在利用区块链技术进行的直播电商营销活动中，每个网红主播的直播间的每一次直播内容都可以通过区块链技术生成区块，实现永久保存且不可更改。这种机制确保了平台、商家、消费者及监管部门都无法对直播内容进行人为篡改。尽管直播间的带货营销活动具有即时性、互动性和数据量庞大的特点，使得即时监管治理面临挑战，但区块链技术的应用为每一次直播内容的存储提供了解决方案。市场监管部门在接到消费举报、平台预警等信息时，可以对直播内容进行回溯性检查，确定违法行为后，对违法主体进行行政处罚，这样对直播电商的治理能起到更好的效果，同时会对心存侥幸的主播商家形成心理震慑，对自身播出内容更加严格把控，避免虚假夸大宣传。❶

---

❶ 苏晓坤.网络直播带货行业的政府监管问题研究[D].北京:北京邮电大学,2022.

第四节 助力数据赋能，加强品牌建设

对于具有一定生产规模和自主研发能力的企业而言，转型升级是其持续发展的核心战略。创新作为企业的核心竞争力，是推动企业不断进步的动力源泉。随着数字经济的蓬勃发展，企业需要将顺应这一趋势纳入其内部发展规划。具有前瞻性视野的企业将积极探索短视频和直播等新兴运营模式，并将这些模式与自身的产品及服务相结合，与下游经销商和零售商进行有效沟通，以实现消费引流和销售赋能。在未来，直播电商在商品交易市场的赋能作用将更加凸显，其关键在于激发市场中坚力量的活力。这需要对占市场主体的商户进行有针对性的引导，帮助他们转变传统的经营思维，提高他们对数据驱动决策的重视和理解。通过这种方式，企业不仅能够提升自身的市场竞争力，还能够推动整个行业的创新和进步。

一、引导商户进行粉丝画像

利用现有直播平台的数据分析，对直播流量进行系统性的数据整合，并通过数据赋能为直播电商模式提供营销策略的优化参考。目前，直播平台能够提供全面的数据流量信息，包括但不限于同类产品的价格比较、直播流量在不同时间段的监测、客户互动频率及产品类别属性的热度排名等。为了更有效地支持义乌自贸区开展直播营销模式，义乌自贸区需要进一步细化其数据分析模块。特别是应积极开发自有平台 Chinagoods 的数据分析功能，结合义乌自贸区的产品类别和产业特性进行数据模块的定制。通过与

47 家行业商户的深入交流，对现有产品进行更细致的分类，并根据不同行业类型，完善商品属性、产品特性、展示方式和产品故事等信息，为直播电商提供坚实的数据支持。数据信息内容的及时更新至关重要，应根据直播过程中消费者互动的反馈对直播重点进行适时调整，为商户提供直播指导。利用数据分析和算法可以构建客户画像，梳理客户的平台偏好、产品需求和喜好，以及收集对主播的评价和带货主播的销售数据等信息。完善平台数据算法，识别同类产品信息，为商户推荐优质账号和销售数据。同时，积极构建商户与 MCN 机构之间的沟通桥梁，共同建立合作模式。以商家需求为导向，实现主播和平台的精准推荐，引导商户进行产品选择、品牌定位、价格调整和营销策略设计，开展具有吸引力和竞争力的销售活动，如限时特价和爆款特卖等。通过数据引领，提高对市场趋势的敏感度，为直播电商的准备工作打下坚实的基础。

二、引导商户打造爆款产品

不同规模的商户和多样化的产品品类是直播电商引流变现的关键。为了在竞争激烈的市场中获得成功，商户需要明确自身的市场定位，积极融入市场，并致力于打造具有吸引力的爆款产品。数据思维在这一过程中扮演着至关重要的角色，它不仅涉及对直播电商平台的熟练运用，更强调对市场趋势的敏锐洞察和对爆款产品的预测能力。商户应借鉴成功的引流短视频案例，从内容创作、风格选择、场景设置、音乐搭配等多个维度进行分析，以识别市场热点。结合自身经营的产品特性，商户需要及时调整策略，对热销品类和潜在爆款进行深入分析和预测。通过精细化运营，商户可以构建专业的品牌形象，向消费者传递最新的时尚潮流，并推出高质量的精品爆款。例如，通过奥运会期间的小黄鸭发卡或冬奥会的冰墩墩周边产品，MCN 机构、行业商会及义乌自贸区可以为商户提供精准的推荐服务，包括匹配的直播平台、带货达人方案、短视频直播营销账号和营销策略。这样的服务不仅能够降低商户的试错成本，还能提升他们的选品和营销能力，从而为整个市场注入新的活力。

第五节　强化有的放矢，促进跨境电商

一、加快培养复合型跨境电商人才

人才是推动任何行业发展的关键因素，这一点在跨境电子商务领域尤为显著。跨境电子商务具有其独特的行业特征，目前市场上同时掌握跨境贸易和电子商务知识的复合型人才相对匮乏，而这类人才对于推动跨境电子商务的快速发展具有不可替代的作用。对于中小企业而言，他们在发展跨境电子商务的过程中尤其需要这类专业人才的支持，以便实现业务的创新和突破。

首先，为促进跨境电子商务的发展，需要构建一支既具备理论知识又拥有实践经验的专家团队。义乌市政府应考虑与第三方跨境平台合作，吸引那些在跨境电子商务领域有丰富经验的高级人才，并解决他们的基本生活需求，如户籍和住房问题。这些专家可以为中小企业提供定期的专业培训和咨询服务，帮助解决企业运营中的疑惑，并为义乌市跨境电子商务的发展提供宝贵的建议。

其次，政府应加大对跨境电子商务行业人才培养的关注力度。通过与义乌工商职业技术学院等教育机构合作，推动跨境电子商务人才培养方案的制定和执行。通过校企合作，识别行业需求，优化跨境电子商务专业的课程设置。

再次，政府应支持并鼓励民间培训机构加强跨境电子商务人才的培养。目前，义乌市已有多家电商培训机构，如三维电商培训、新希望电脑培训、焦点电商学院、巨天电商培训等。尽管这些机构已开始提供相关课程，但课程内容和质量参差不齐。政府可以通过规范课程开发、定期评估、奖励优质培训机构以及对不合格机构进行处罚来提升培训质量。

最后，中小企业也应从内部加强人才培养，提高员工的专业技能。鉴于义乌市高等教育资源有限，中小企业可以考虑与邻近地区的高校建立校企合作关系，采用定向培养模式。企业可以为学生提供实战平台，由资深从业人员传授实战技能，增强学生的实际操作和应对市场变化的能力。同时，教育机构也应根据市场需求，不断调整和完善课程体系，为义乌市跨境电子商务行业输送更多优秀人才。

二、提升义乌国际化物流服务水平

国际物流成本和运输效率是跨境电子商务中首要考虑的两个关键因素。除此之外，降低消费者的退换货成本并提升消费体验也是至关重要的。义乌市凭借其丰富的外贸发展经验，已经建立了坚实的物流基础和完善的物流体系，能够通过陆路、海运和空运等多种方式实现货物的运输。

政府应增加对国际物流服务企业的政策支持。通过提供用地和税收优惠，鼓励大型国际物流企业在义乌市设立包裹分拨中心，从而降低仓储成本并提高国际物流的效率，同时应进一步提升国际物流基础设施的运输能力和效率。例如，通过义新欧班列和义甬舟海铁联运，为跨境包裹提供安全稳定的物流解决方案。此外，政府还可以协调和整合义乌市现有的国际货运代理公司，规范其运营流程。采用"拼仓拼柜"的策略可以有效降低国际物流成本。

随着跨境电子商务行业的快速发展，跨境包裹的数量预计将急剧增加。因此，相关的国际物流企业必须加快信息化进程，利用高新技术（如自动分拣机器人）提升自身的管理水平，并推动国际物流服务的整体进步。

政府还应与海关、义乌港及保税物流中心积极合作。利用义乌市跨境电子商务综合试验区的政策优势，简化海外包裹的退换货流程。同时，与第三方跨境平台和国际物流企业联合，提供在线退换货服务，以进一步增强消费者的购物体验。

三、完善义乌市跨境支付体系建设

跨境支付的安全性和便捷性是跨境电子商务中至关重要的考量因素。通过构建一个健全的跨境支付体系，可以在政府、金融机构以及电商平台的共同监管下，确保交易资金的安全性。首先，义乌市政府应借鉴新加坡等国际金融中心的先进经验（如新加坡的"智慧国计划"），以提升跨境支付服务的整体水平。其次，义乌市政府需要完善个人跨境收付款业务，这包括西联汇款和 PayPal 支付等，并通过中国人民银行和税务机构的合理监管，确保个人外汇收入的合规性，从而提高跨境支付的便捷性。最后，跨境电子商务的第三方平台应利用技术手段，在法律允许的范围内，降低卖家的经营风险。这涉及减少因交易纠纷导致的资金冻结情况，以及因跨境支付问题造成的经营损失，从而为跨境电子商务卖家提供更加安全和可靠的支付环境。

四、提升企业自身推广与营销能力

营销能力对于义乌市中小企业在跨境电子商务领域的成长具有显著的

积极作用。这一影响主要源于企业自身的转型和能力提升。鉴于大多数中小企业依赖第三方跨境电子商务平台开展业务，它们需要特别关注平台的选择和运营能力的提升。

亚马逊、易贝、Wish 和全球速卖通等平台主要针对欧美市场，其中亚马逊的入驻门槛相对较高。资金实力有限的中小企业可以考虑选择一些新兴的跨境电子商务平台，如 Shopee，这些平台可能更适合其产品特性。对于那些已经积累了跨境电子商务经验的企业，多平台运营策略可能是一个可行的选择。随着 TikTok 等社交媒体平台直播带货的兴起，中小企业也可以考虑探索这些新兴的跨境营销模式，以拓展其业务范围。当前，由于欧盟税改政策的影响，跨境经营的成本不断上升。中小企业不仅要在平台运营上投入精力，还应关注供应链管理，优化采购和库存流程，及时预测市场需求，并选择合适的物流方案，以多方面降低运营成本。

在市场拓展方面，中小企业应根据自身的实力和所运营平台的特点，集中资源开发特定国家的市场，尤其是新兴市场，如巴西、中东和东南亚。这些地区的消费需求正在增长，跨境电子商务的渗透率也在提高，专注于这些市场可能会带来更好的商业成果。

第六节　实现人才赋能，完善体系建设

人才赋能在推动义乌自贸区的直播电商发展中扮演着至关重要的角色。有效地提升人才的专业技能和知识可以极大地激发市场的内在活力和潜力，这种赋能不仅有助于利用直播电商的经营模式来拓展更广阔的销售市场，而且能够为商户创造更多的商业价值。

一、开展人才培训，提升直播质量

拥有高级专业技能的主播能够利用直播这一平台，以引人入胜的方式展示产品，并增强消费者与商家之间的互动，从而维持产品的持续吸引力，然而聘请这些专业主播的成本相对较高，并非所有商户都有能力承担。因此，义乌自贸区和政府机构需要积极培养专业主播人才，并通过激励机制来实现这一目标。对于有志于掌握直播技巧的商户和销售人员，应提供专业的培训课程，以提升他们的直播带货技能。义乌市政府、市场管理者和商户应共同努力，实现资源共享，并在人才培养方面创造一个积极的环境。可以通过建立直播商学院，提供包括直播带货、跨境直播和短视频制作等专业课程，系统地教授直播带货的各个环节，包括产品选择、视频编辑、场景布置和服装造型等。为了确保直播电商知识的持续传播，义乌自贸区可以通过创建官方学习平台和公众号，分享直播技巧，录制在线课程，使商户和主播能够反复学习和观看。对于那些在培训中表现突出的学员，可以提供就业机会，将他们输送给需要专业带货主播的商家。同时，对于那些表现优异的商家，可以实施"育星计划"，打造明星商家团队，实现资源和优势的共享。在直播电商模式下，企业之间的竞争关系可以更加和谐，通过技术和资源共享，可以实现营销的共赢，并有效实现流量的变现。

二、发挥人才优势，推动流量变现

利用短视频和直播平台，如小红书、橘子街、B站、知乎、抖音、快手和微博等，多渠道推广义乌自贸区的产品，通过主播和内容创作者的专业分享，为消费者推荐产品，持续吸引流量，为直播带货打下坚实的资源基础，进而促进流量的变现。同时，政府和义乌自贸区应加强人才激励措施，通过市场化合作吸引顶尖买手和主播，根据他们为企业节省的成本和创造的利润进行合理的利润分配。对于规模较大的企业，可以实施对赌协议，为直播团队设定销售目标，并为超额完成的部分提供利润分成和奖励。政府还可以通过人才激励政策，吸引明星体验官、当红主播、福利官和拼团长等，为直播活动制造热度，根据人才的带货能力提供不同的激励措施，如利润分配、购房落户资格和城市安家费等。通过制造社会讨论话题，增加产品的吸引力，利用舆论热度吸引流量，并通过直播方式实现流量的变现。义乌市可以通过举办"网红老板娘""店长带货大赛""网红带货大赛""大学生直播创业孵化大赛"和"网红产品设计大赛"等活动，营造直播氛围，提升商家和大学生等群体参与直播带货的积极性，并建立相应的奖励机制。

第七节　推动产业集聚，谋划建设"直播城"

一、地区直播产业聚集地

我国直播产业基地发展势头强劲，呈现出蓬勃向上的良好态势。随着数字化、网络化技术的快速发展，直播电商行业迅速崛起，为直播产业基地提供了广阔的市场空间和无限的发展潜力。这些基地不仅集中了众多优秀的直播电商企业、MCN 机构及主播资源，还构建了完善的供应链体系、物流网络和营销渠道，形成了独具特色的直播电商生态圈。直播产业基地的数量和规模也在持续增长。目前，全国范围内已有超过1 000家直播电商基地，其中大型直播电商基地数量超过100家，中型和小型直播电商基地数量也在不断增加。表22中列举了我国三大经济圈的部分直播产业基地，由于大多数基地集中于长三角和珠三角区域，本书挑选了其中的两个优秀案例为义乌直播城的搭建提供参考。

表22 我国部分直播产业基地

地区	名称	定位
珠三角	圳智美·汇志产业园	网红场景+产业配套+直播商业、新型场景体验式园区
珠三角	广州白云美湾直播基地	总部经济+展贸会+文旅、化妆品全产业链集群基地
长三角	杭州瑞纺直播产业园	轻纺产业链+供应链、时尚服装与家纺全产业生态系统
长三角	无锡旺庄直播产业基地	功能园区+街道、战略性新兴产业基地
环渤海	临沂直播电商新城	直播供应链+"互联网+"+科技创新、综合性电商产业新城
环渤海	天津北科建生态城直播电商产业园	产城融合+文化创意+科技互联网、综合性数字经济产业园区

1. 深圳市——智美·汇志产业园

深圳，这座中国改革开放的先锋城市，近年来在数字经济和直播产业领域取得了令人瞩目的进步。特别值得一提的是智美·汇志产业园（图41），它自2020年4月开园以来，作为深圳首批电商直播创新示范基地，其发展态势备受瞩目。该园区以专业的数字经济产业园运营商的身份，充分利用其产业空间的优势，将主要产业定位为直播电商及其相关联的产业链。智美·汇志产业园通过以"场景体验"为核心的全面规划，将"网红场景""产业配套"和"直播商业"进行有机整合。园区成功地将直播电商、数字科技、文化创意、艺术交流展示及网红打卡等元素融为一体，创造了一个新型的场景体验式园区。这一创新举措使得原本的旧厂房焕发了新的活力，成了深圳新兴的网红打卡地，标志着城市形象和产业升级的新里程碑。

图 41　智美·汇志产业园

园区打造了直播电商网红展区、宝安区"统战+网络"产业数字化促进中心等，展示 MCN 机构、直播平台、工厂企业和供应链，企业将直播电商平台、数字营销企业、优质产品等资源一线贯通，搭建宝安数字营销企业与传统企业零距离交流、互动的平台，助力本土实力品牌、国内知名大品牌、传统制造业老品牌实现数字化转型升级。园区内不仅引进了 150 余家以文化创意、现代信息技术为核心的数字创意产业企业，如直播电商、新媒体、视觉设计、创意内容开发、IP 产品研发等，还与腾讯、淘宝直播、抖音、快手、小红书、亚马逊等头部平台建立了深度合作。同时园区内还设置了商务配套服务，包括 33 街区、5G 云发布厅、阶梯书吧、艺术展区、休闲吧台、公共会议室、公共休息区等，以及党群服务中心、劳动争议调解委员会、街道企业创新服务中心、智美·梦空间、主播服务站、青年之家、妇女之家、暖蜂驿站等政府配套服务。不同企业的聚合使得智美·汇志产业园形成了直播电商上下游产业的有效集聚及完整的生态链和行业影响力。

2. 杭州市——瑞纺直播产业园

瑞纺直播产业园是杭州市最大的直播产业基地，坐落于杭州市江干区的下沙街道，已经有十多年的历史。作为杭州市的标志性服装市场，该产业园在继承原有市场生态优势的同时，不断追求创新，紧跟时代潮流，迎来了一次重大转型（图42）。以轻纺产业链与供应链的融合为核心，构建一个多元化、智能化、协同合作的时尚服装与家纺全产业生态系统，集面辅料、制版打样、直播电商于一体的产业综合体，不仅服务于轻纺产业链的上中下游企业，更致力于打造一种融合新零售电商的创新商业模式。其目标是推动全民直播时代，构建一个集品牌、口碑、共赢、整洁于一体的短视频网红达人电商直播产业园区。瑞纺直播产业园正重新定义"网红产业链"的角色，全面推动产业链招商、网红人才培育、成本优化、品牌建设、产业集聚和消费增长，为产业链的全面繁荣与发展注入新的活力。

图 42　瑞纺直播产业园图

瑞纺直播基地一楼主打面料，由面料商家组成，二楼是专业网批市场，三、四、五楼主要是服装供应链和直播商家区。整体区域包含四大产业链，一是直播电商产业链，这是瑞纺直播产业园的核心产业链，涵盖了从内容创作、网红孵化、直播销售到物流配送等各个环节；二是轻纺产业链，作为杭州的知名服装市场，园区内的企业涵盖了从纺织、服装生产到设计、销售等各个环节，为直播电商提供了丰富的货源和供应链支持；三是网红孵化产业链，瑞纺直播产业园注重网红的培养和孵化，通过提供专业的培训、资源对接和运营支持，帮助网红快速成长并实现商业价值；四是配套服务产业链，为了支持直播电商和轻纺产业的发展，瑞纺直播产业园还提供了一系列配套服务，如物流服务、金融服务、技术支持等。这些服务为园区的企业提供了全方位的支持，提高了整体运营效率。

综上所述，可以看出当前我国其他地区直播产业基地的构建存在一定的共性：利用本土资源优势，引入上下游产业，融合数字经济，打造生态链闭环。这为义乌市建设直播城提供一定的参考借鉴。因此，为了促进义乌市直播产业的繁荣发展，为经济发展注入新活力，义乌市可以借助本土优势，借鉴深圳市和杭州市等地直播产业基地搭建的实践经验，建设富有自身特色的直播产业园。本书在空间结构和功能性质两方面提出一套系统性的结构规划方案，以期为义乌直播城的建设提供有益的参考和借鉴。

二、义乌直播城规划优势分析

义乌，自古便是商贸的繁荣之地，如今更是凭借着得天独厚的地理优势和商业环境，吸引了众多商家的目光。在义乌市设立直播产业基地具有多方面优势：一是丰富的商品资源。义乌市作为全球最大的小商品集散地，拥有 170 万个单品，且小商品价格低廉。这为直播产业基地提供了丰富的商品资源，主播们可以轻松找到各种热门、具有竞争力的产品进行直播销售。二是完善的物流体系。义乌市是中国物流最发达的地方之一，快递便捷且费用相对便宜；这有助于直播产业基地实现快速、高效的物流配送，满足消费者对于快速收货的需求，提高购物体验。三是成熟的产业链。义乌市的电商直播产业已经形成了完整的产业链，包括商品供应、物流配送、售后服务等环节，这为直播产业基地提供了便捷、高效的产业支持，有助于主播们更好地开展直播销售业务。四是优越的地理位置。义乌市位于浙江中部，是杭州市、宁波市、温州市、金华市等大城市的重要交通枢纽，同时还靠近出海港口，出口商贸便利。五是政策支持。义乌市政府高度重视电商直播产业的发展，出台了一系列政策措施支持直播产业基地的建设和发展。这些政策包括税收优惠、资金扶持、人才引进等方面，为直播产业基地的发展提供了有力保障。以上这些优势能够为义乌直播城的建设提供良好的基础支撑，接下来将从直播城构建的空间布局和功能分区两方面展开描述。

三、义乌直播城空间布局设计

义乌直播城的总体空间布局是一项综合性极强的任务，它需要全面考虑多种自然与社会因素，同时还要紧密结合直播电商产业的特点和需求，规划出不同区域，还需要对交通网络、绿化景观等环境进行合理设计。

1. 整体空间规划

义乌直播城在整体空间规划上采用"一心、两轴、多片区"的结构，"多片区"分为 A、B、C、D 四大区，这种规划方式旨在实现功能分区明确、流线顺畅、空间高效利用的目标，同时确保直播产业的持续发展和创新。整体建筑面积为 100 万平方米，其中，中心区占地 20 万平方米，A 区 15 万平方米，B 区 10 万平方米，C 区 20 万平方米，D 区 20 万平方米，剩余面积为交通路线和绿化景观。

所谓"一心"，即直播城的核心区域——直播运营区，是吸引观众和商家的重要节点；"两轴"则是连接核心区域与周边片区的关键纽带，包括交通轴线和景观轴线；"多片区"是指直播城根据生态链所划分的多个功能区域，包括产品供应区、供应链金融服务区、物流仓储区、生活配套区等功能区域。

在空间地理位置上，中心和东、西、南、北五个大区具体规划如下：一是中心区，设立在基地的中央位置，作为直播运营中心，包括直播运营区、人才孵化区、商务合作区、技术支持区和数据分析中心区域；二是 A 区，聚焦于供应链上游，包括产品供应区和商品展示区；三是 B 区，建设综合服务区，包括行政、法务、财务和供应链金融服务部门；四是 C 区，规划为生活配套区，包含人才公寓、餐饮娱乐、健身休闲等生活服务设施，提供便利的生活条件，满足工作人员的日常生活需求；五是 D 区，作为物流仓储和售后中心，支撑整个基地的供应链需求。包括智能化仓库、分拣中心、包装车间等设施。具体如图 43 所示。

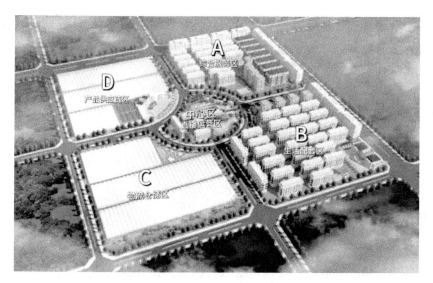

图 43　义乌直播城空间全景图

2. 交通流线设计

义乌直播城的交通流线设计，无疑是一项复杂而精细的任务，它关乎整个直播城的日常运行效率以及访客的体验。义乌直播城的交通流线设计应充分考虑人流、车流的流动方向和速度，确保交通流畅、便捷。

首先，在 A、B、C、D 四个区域设置合理的入口和出口。合理的入口布局可以确保人流和车流在进出直播城时有序、高效，同时出口的设计也应考虑到紧急情况下的疏散需求，确保在紧急情况下能够迅速、安全地疏散人群。其次，在内部交通设计上，需要设置清晰的指示牌和导向标识。这些标识不仅能够指引人们快速找到目的地，还能提升直播城的整体形象。再次，步行通道和观光路线的设置也需精心规划，既要方便人们参观和游览，又要确保通行的安全。对于人流，需要设置专门的观众流线，可以确保观众能够便捷地到达直播间和展示区，充分感受直播城的魅力。最后，考虑到观众的安全和秩序，合理的疏散通道和紧急出口也必不可少，以应对可能出现的突发情况。在车流管理方面，要合理安排停车场的规划和行车路线的设置，为了避免交通拥堵和混乱，可以采用分时段停车、预约停车等方式，提高停车效率和管理水平。这样不仅能确保车辆有序进出，还能为直播城创造一个良好的交通环境。

3. 绿化景观规划

绿化与景观规划对于提升义乌直播城的整体环境品质具有重要意义。优美的绿化景观不仅能够为人们提供一个舒适、宜人的环境，还能为直播城增添独特的魅力与活力。

在规划过程中，应深入研究和充分利用现有自然条件，结合直播城的功能需求，精心打造每一处绿化景观。例如，在直播城的入口、广场等关键节点可以巧妙地设置花坛、雕塑等绿化景观，通过色彩搭配和造型设计增强空间的艺术感和辨识度，使人们在进入直播城的第一时间就能感受到浓厚的文化氛围和独特的视觉体验。同时，在内部道路两侧和空闲地带可以广泛种植树木、花草等植物，形成连续不断的绿化带，提高直播城的绿化率。更重要的是，为了提升直播城的品牌形象和文化内涵，还可以结合当地的文化特色和历史背景，设计具有地方特色的景观元素和标识系统吸引消费者。这些元素和标识不仅能够展现直播城的独特魅力，还能传承和弘扬当地的文化传统，使直播城成为一个具有深厚文化底蕴和现代气息的城市名片。

4. 主题场景体验区规划

在义乌直播产业基地中，可以在 4 个区域划分的街道处打造不同的主题场景打卡体验区，这种打卡体验是吸引网红和游客、提升基地知名度的关键。

首先，需要确定街道的主题和风格。这应与义乌市的文化特色、直播产业特点以及当前流行趋势相结合。例如，可以设计一个"义乌风情街"或"直播梦幻城"的主题，通过独特的建筑风格、装饰元素和道具布置，营造出一个既具有地方特色又充满创意的网红打卡点。其次，考虑到网红打卡的特点，该街道应设置多个拍照点，包括特色背景墙、创意雕塑、互动装置等，让网红和游客能够轻松拍出具有个性和创意的照片和视频。再次，这些拍照点也应与直播场景相结合，为直播提供丰富的背景和内容。最后，为了提升游客的参与感和互动性，可以设置一些互动体验项目，如 VR 体验、互动游戏、DIY 工坊等。

四、义乌直播城功能区域划分

义乌直播城在功能区的划分上充分结合生态链的理念，致力于打造"直播+"新经济、新业态、新零售等新服务商业模式，通过构建 ABC 端（企业供应链—主播—消费者）完整商业生态链闭环的强大服务体系，实现产业链的高效协同与资源的优化配置。根据义乌直播城产业链全景图（图 44），将整体功能区域按照产业链进行划分。

1. 上游供应链区域

（1）产品供应区：主要集中各类品牌商和厂家，共 150 家供应商，提供丰富多样的商品供直播销售，包括服饰鞋类、生活日用、美妆个护和休闲零食等。义乌作为全球小商品贸易的中心，汇集了众多产品供应商，在这方面具有较大优势。

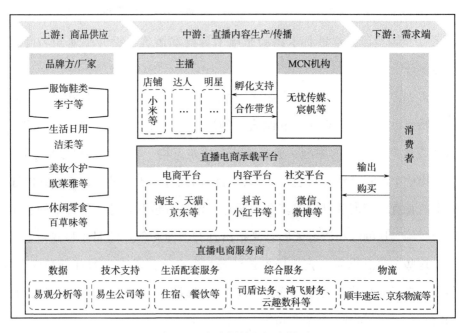

图44　义乌直播城空间全景图

产品供应区需要建立完善的供应链体系，确保直播商品的质量、价格和供应稳定性，满足直播销售的需求。该区域的主要职责包括两个方面：一是商品采购与筛选，根据直播销售的需求，负责从各大供应商、生产厂家等渠道采购商品，并进行严格的筛选和质量控制，确保所供应的商品符合直播销售的要求和标准；二是库存管理，该区域需要建立一套完善的库存管理体系，对采购的商品进行细致的分类、存储和监控。通过使用先进的库存管理软件和技术，如条形码扫描和实时库存追踪等，实时监控库存水平，及时补充热销商品，同时对不畅销的产品采取促销或清仓措施。

（2）品牌展示区：依据品牌产品种类的不同，品牌展示区精心划分为若干个独立且富有特色的展示区域。每个区域都承载着展现某一类或某一种品牌独特魅力的使命，为消费者带来丰富多样的视觉体验，该区域按照生活用品、美妆个护、服饰鞋类、休闲零食等多个区域，共展示商品 1 000 多种，品牌 200 多家，展示柜 200 台，触摸展示屏 5 台，VR 设备 10 台，每个区域配备 2 名导购人员。

首先，在具体规划方面，每个展示区域应配备专门的展示架和展示柜，通过巧妙的色彩搭配和灯光布置，将产品放置在最佳的展示位置。此外，各区域需要制作精美的海报和宣传资料，向消费者传递产品的核心价值和独特卖点。其次，在互动体验方面，为了提升观众的参与度和购买意愿，各区域要设置丰富的互动体验设施。如配备触摸屏，消费者可以通过触摸屏幕了解产品的详细信息和使用方法；引入 VR 设备，让消费者能够身临其境地感受产品的实际使用效果。这些互动体验设施不仅增强了消费者的购物体验，还让他们更加直观地了解了商品的功能和特点，从而提高了购买意愿。最后，为了确保消费者能够享受到更加专业、贴心的服务，品牌展示区还应配备经验丰富的工作人员。这些工作人员不仅具备丰富的产品知识，还能够根据消费者的需求和喜好提供专业的咨询和建议。他们热情周到的服务不仅帮助消费者更好地了解商品详情，还能让他们感受到了品牌的关怀和温暖。

（3）技术支持区：为直播产业基地提供必要的技术支持和保障，包括直播设备的维护、网络设备的升级以及新技术的研发等。

2. 中游直播运营区

该区域主要包括主播、MCN 机构、直播平台三大支柱，是整个直播城的核心区域，具体划分为人才孵化区、直播运营区、商务合作区。

（1）人才孵化区：创业孵化区引入 50 家 MCN 机构，提供人才引进和孵化培养两大功能。MCN 机构通过挖掘和签约具有潜力的内容创作者，为他们提供一系列专业服务，包括直播技能培训、内容策划指导、版权管理、品牌合作机会等，从而帮助这些创作者提升个人能力，实现商业价值的最大化。此外，MCN 机构还通过有效的资源整合，为旗下创作者提供优化的技术解决方案、丰富的内容素材及高效的商务对接，确保内容创作和发布的高效率与高质量。

在人才引进方面，计划每年引入主播和运营团队等 200 人。在具体规划方面，首先，明确人才需求：要明确直播城所需的人才类型和数量，包括主播、运营、技术、市场等各个岗位，这需要根据直播城的定位和发展规划来制订详细的人才需求计划。其次，拓宽招聘渠道：通过线上招聘平台、社交媒体、行业论坛等多种渠道广泛发布招聘信息，吸引各地优秀人才，同时可以组织校园宣讲、招聘活动等，与高校展开合作，提高知名度和吸引力，共同开展主播人才的选拔和培养工作。

在人才培训方面，可以设立直播商学院，将人员分配至不同 MCN 机构进行培训。第一，建立培训体系，构建完善的培训体系，包括入职培训和在岗培训，确保员工能够不断提升自己的专业技能和综合素质。第二，定制课程内容，根据不同岗位的需求，定制针对性的课程内容。一方面可以为主播制定直播技巧、产品知识、营销策略和形象塑造等课程，培养优秀的主播人才，帮助商户提升直播能力和销售业绩。同时开设直播电商零基础培训班，为年轻主播、应届毕业生提供成长成才通道，实现直播城与高校的共建共赢。另一方面，针对技术人员、运营管理人员也要提供专业领域的培训，提高他们的专业素养，促进直播城整体运营效率的提升。第三，引入外部资源，可以定期邀请行业专家、知名主播等进行授课或分享经验，为员工提供学习交流的平台，了解当前行业的新热点、新技术，拓宽他们的视野和思路。

（2）直播运行区：直播产业基地的核心区域，该区域年成交总额计划为 20 亿元，为整个直播城经营提供物质支撑。为了确保整个区域的正常运转，需要从场地、配件支持、运营团队等多个方面进行系统规划。

首先，设立多功能直播厅。为了满足不同规模和类型的商户直播需求，需要提供多种规格和风格的直播场地。包括 5 个大型活动直播厅，每个可容纳 400 人，举办大型促销活动或品牌发布会；5 个专业摄影棚，配备专业的摄影设备和灯光系统，为商家提供高质量的产品拍摄和展示服务；还有 50 个小型互动直播间，让主播与观众进行亲密互动，打造个性化的直播体验。同时，每个直播间都采用先进的隔音技术，确保直播过程中互不干扰，为观众呈现最佳的视听效果。

其次，提供直播配件和技术支持。配备专业的直播设备、灯光、音响等设施，为商家提供全方位的直播技术支持。高清摄像设备能够捕捉每一个精彩瞬间，音频处理系统则保证了声音的清晰度和立体感，实时传输技术则让直播画面流畅无卡顿。这些先进的技术支持为商家提供了高质量的直播体验，让观众能够沉浸在精彩的直播内容中。

最后，配备专业运营团队。运营团队则负责提供专业的直播内容策划和制作服务，从直播脚本的撰写到节目编排，到后期的推广和数据分析等工作，提升直播效果和销售业绩。运营团队需具备丰富的经验和创意，能够根据商家的需求和目标受众，量身打造吸引人的直播内容。同时，还要严格把控内容合规性，确保直播内容符合相关法律法规和平台规定，为商家提供安全可靠的直播环境。

（3）商务合作区：直播城的正常运行涉及众多商务活动和合作洽谈。商务合作区旨在为企业提供一个优质的商务环境，促进各方的合作与交流，从而推动直播产业的发展。包括与知名品牌建立战略合作关系，引入优质商品和服务，提升直播城的商品品质和用户体验，共同打造直播活动，提升直播城的品牌影响力；与电商平台合作，如淘宝、天猫、京东、拼多多等开展直播带货等活动，促进商品销售；与供应链企业合作，优化商品供应链，降低成本，提高供货效率，为直播城提供稳定的货源支持；与广告商合作，为直播城提供广告资源，增加曝光度，吸引更多用户关注。

一方面，义乌直播城需要设置专门的商务接待处，进行合作洽谈。同时，商务接待处还可以作为直播城举办各类商务活动的场所，如产品发布会、合作签约仪式等线下宣传，进一步提升直播城的知名度和影响力。另一方面，义乌直播城可以搭建线上商务合作交流平台，以数字化手段推动商务活动的深入发展。通过平台的搭建，义乌直播城能够打破地域限制，减少差旅、住宿等费用的支出，提高合作效率，降低商务成本。平台可以提供在线会议、视频交流、文件共享等功能，方便直播企业之间随时随地进行商务洽谈与合作对接，实现全球范围内的商务合作与资源共享。

（4）技术支持区：直播城的技术支持区是确保整个直播城技术设备高效、稳定运行的关键区域，这个区域承载着直播城技术体系的核心使命，为直播活动的顺利进行提供着坚实的技术支撑。这一区域主要涵盖了技术支持与设备维护两大核心部分。

技术支持区需要组建具备专业知识和技能的专家团队，设立技术支持热线，随时为直播城内的主播和工作人员提供技术咨询和远程支持，无论是直播设备的调试，还是网络连接的优化都能迅速响应，提供有效解决方案，确保直播活动的顺利进行。设备维护区则是确保直播城内各类设备正常运行的重要场所，设备维护区需要配备维修工程师和设备巡检员，负责直播城内各类设备的日常维修和故障处理工作，确保设备正常运行，定期对直播城内的设备进行巡检，及时发现并处理潜在问题，预防设备故障的发生。

（5）数据处理中心：义乌直播城的数据汇聚、处理和分析中心，负责对直播过程中产生的各种数据进行收集、清洗、整合和分析，为基地提供精准的数据服务，同时还对各类企业机构经营数据进行统筹管理。

在硬件基础设施方面，需要选择高性能的服务器和存储设备，以满足数据处理中心对计算能力和存储容量的需求。同时要设计合理的网络架构，确保数据在数据中心内部以及数据中心与外部的高效传输。在软件系统方面，选择稳定可靠的操作系统和数据库系统，为数据处理中心提供基础软件支持。根据业务需求，选择或开发数据处理和分析软件，以实现对数据的深度挖掘和分析。

3. 直播服务支持区

（1）物流仓储和售后服务区：集接收、管理、存储和发出于一体的综合性物流枢纽。义乌市优越的地理位置和完善的物流体系有助于直播产业基地实现快速、高效的物流配送。在规划方面，物流仓储区应位于直播城的边缘地带，便于货物的进出和存储。一方面，该区域应配备高效的配送系统，采用自动化设备和智能管理系统，如自动分拣系统、无人叉车、立体仓库等，以及先进的仓储管理软件（WMS），借助智能管理系统的数据分析功能，可以对库存结构进行优化，降低库存成本，以提高仓储效率和准确性。另一方面，物流仓储还可以与快递公司建立合作关系，引入顺丰、三通一达、京东物流、EMS 共 7 家物流公司，设置 7 个服务站点支持直播配送，同时设置一个综合物流平台，对整个物流体系进行监管。

售后服务区主要负责处理消费者的退换货请求、解答消费者咨询、处理投诉等，是维护顾客权益和提升顾客满意度的重要部门。售后服务通常包括产品维修、退换货服务、技术支持、用户培训等。可以采用客户关系管理（CRM）系统来管理售后服务，通过电话、电子邮件、在线聊天等多种渠道与顾客进行互动，提供及时的服务。良好的售后服务可以增强顾客对品牌的信任和忠诚度，有助于建立品牌的正面形象，同时能收集到顾客反馈，为产品改进提供宝贵的信息。

（2）综合服务区：作为直播城内提供综合服务的枢纽，综合服务区致力于打造一个全面的服务平台，旨在满足企业和个人在行政、法务、财务和金融等多方面的公共服务需求，以确保直播业务的流畅和高效。可以在园区建设线下一个综合服务区，针对 4 种服务设立 4 个部门，引入相关行业的第三方机构，同时在线上搭建智能化综合服务平台，线下、线上共同为直播城内企业或个人提供服务支持。

在行政服务方面,综合服务区提供一站式的注册和备案办理服务,包括工商注册、税务登记、统计备案等,简化了企业在入驻园区时的手续流程,加强了企业合法性。在法务服务方面,综合服务区为企业提供全面的法律支持,包括但不限于法律咨询、合同审核、纠纷调解等。这些服务涉及合同法、知识产权保护、劳动法等多个领域,帮助企业规避潜在的法律风险,确保其在经营活动中的合法性和安全性,从而保护企业的合法权益不受侵害。财务服务涵盖了会计记账、税务筹划、财务审计等一系列服务。这些服务帮助企业建立健全的财务管理体系,确保其财务活动的合规性和效率性,同时能够为企业提供合理的税务规划建议,帮助企业合理节税,提高经济效益。供应链金融服务涵盖了融资、支付、结算和风险管理等关键金融服务功能,旨在为处于供应链不同环节的企业提供服务。通过提供量身定制的金融解决方案,帮助企业优化资金流动,降低获得资金的成本,并提升整个供应链的协作效率。

(3)生活配套区:直播城的生活配套区规划是一项细致且重要的工作,其核心理念在于功能完善、服务便捷及空间优化。通过科学合理的规划,旨在为众多主播群体打造一个既高效又舒适的生活配套环境,从而让他们能够全身心地投入直播事业中。生活服务区涵盖了餐饮服务、休息娱乐和便利服务等多个方面,全方位地满足了商户和消费者的生活和工作需求。

餐饮服务区提供多样化的餐饮选择,从快餐到正餐,从咖啡厅到小吃摊,一应俱全。这些餐饮店铺的数量和种类需要根据直播城的人流预测合理配置,以确保每一位来到这里的人都能找到自己喜欢的口味和餐点。休息娱乐区5处,为工作人员和访客提供一个放松和娱乐的空间,需配备舒适的沙发、软垫座椅和茶几,供人们休息和交谈。设立小型图书馆3座和游戏区2处,让人们可以在工作之余享受阅读的乐趣或是放松身心。同时,还需考虑人流量的因素，确保休息区的面积适中，座位数量充足；便利服务区更是为主播们的生活提供全方位的配套服务，包括人才公寓 1 000 套、周边配备便利店 5 家、ATM 机 10 个、健身房 10 家、理发店 10 家，还有其他的便利场所，满足直播城内工作人员的日常生活所需。

第七章

结　论

在深度探讨了义乌自贸区直播电商产业的现状、挑战、招商政策及整体发展策略后，我们可以看到一个充满机遇与挑战并存的行业图景。结语部分将对义乌自贸区直播电商产业的未来发展进行展望，重点强调科技创新、政策支持和产业链升级的关键性作用，同时展示义乌自贸区在全国乃至全球范围内的潜在影响。

首先，科技创新是推动直播电商产业持续增长的动力之一。随着5G、人工智能、大数据等前沿科技的逐步普及与应用，直播电商平台能够提供更为流畅的直播体验、更智能的用户交互和更精准的商品推荐系统。例如，通过利用大数据分析，商家可以更好地了解消费者需求，优化库存管理，并设计符合市场趋势的产品。此外，人工智能技术能够辅助商家进行价格优化、风险评估和客户服务，从而提高整个产业的运营效率和消费者满意度。

其次，政策支持是保障和促进义乌自贸区直播电商产业健康发展的基石。政府应继续出台有利于直播电商的政策，如税收优惠、金融支持、创新奖励等，同时应加强行业监管，确保市场公平竞争，保护消费者权益。例如，完善法律法规，强化平台和商家的责任，有效减少市场乱象，提升行业整体形象。进一步的政策倾斜和资源配置可以吸引更多的企业和资本进入这一领域，加速义乌自贸区直播电商产业的集聚与创新。

产业链的升级则是提升义乌自贸区直播电商竞争力的关键。通过整合上、下游资源，建立更紧密的合作关系，可以在保障产品质量的同时，降低运营成本，提高响应速度。例如，建立直播电商产业园区，集中优质供应链资源，为直播带货提供快速反应的物流支持和高效的商品供应链。同时，引入高端人才和团队，提升整个产业的技术水平和创新能力，是提升直播内容质量和观众互动体验的关键。

展望未来，义乌自贸区直播电商产业有望在科技创新的推动下，结合政策的大力支持和产业链的逐步升级，不仅在国内市场中占据更为重要的地位，同时能在全球电商舞台上展示其独特的竞争力。这将不仅推动义乌自贸区的经济发展，更将加速区域内外的经济整合，提升整个区域的经济影响力和竞争力。

在科技创新、政策支持和产业链升级的三大支柱作用下，义乌自贸区直播电商产业的未来发展前景十分广阔。我们有理由相信，在不久的将来，义乌自贸区将成为全球直播电商产业的领军者，为区域经济的繁荣和全球电商格局的变革做出更大的贡献。

展望未来，我们期待看到义乌自贸区直播电商产业在技术创新的驱动下，不断推出更加智能、个性化的产品和服务；在政策支持的引导下，产业生态得以进一步优化和完善；在产业链升级的推动下，产业链条得以更好地整合和提升。

最后，让我们携手努力，共同见证义乌自贸区直播电商产业迈向更加辉煌的未来！

附　　录

附录一　多省市直播产业政策汇总

要点分类		具体内容
北京市	文件名称	北京市商务局印发《关于促进北京市直播电商高质量发展的若干措施（2024—2025）》的通知
	制定机关	北京市商务局
	发文字号	京商电商字〔2024〕6号
	公布日期	2024年3月22日
	施行日期	2024年3月22日
	专题分类	电子商务
	总体要求	以习近平新时代中国特色社会主义思想为指导，立足新发展阶段，完整、准确、全面贯彻新发展理念，以"培育人、整合货、链接场"为思路，坚持市场主导、政府促进、创新驱动、融合发展，强化统筹协调，促进符合首都城市战略定位的直播电商规范健康发展，推动北京成为国内领先、具有国际影响力的直播电商高地
	工作目标	到2025年，累计指导认定约30个北京市特色直播电商基地，打造约50个直播电商示范案例或场景，培育约100家直播销售额1 000万元以上的在京品牌商家，力争2025年本市纳统直播电商交易额达1.5万亿元

义乌自贸区直播电商产业综合发展策略与展望

要点分类		具体内容
北京市	重点任务	（一）培育直播电商市场主体；（二）发挥电商平台集聚带动作用；（三）培育引进优质直播服务机构；（四）打造北京直播电商品牌 IP；（五）创建北京特色直播电商基地；（六）强化直播技术创新引领；（七）拓展直播电商应用场景；（八）推出系列直播电商对接活动；（九）建设直播电商实操型人才队伍；（十）推动直播电商规范发展
	保障措施	（十一）加强组织保障；（十二）优化政策支持；（十三）加大宣传引导
深圳市	文件名称	深圳市商务局关于印发《深圳市推进直播电商高质量发展行动方案（2023—2025 年）》的通知
	文号	深商务电商字〔2023〕9 号
	发布日期	2023 年 3 月 23 日
	颁发机构	深圳市商务局
	政策依据	《国家发展改革委　商务部关于深圳建设中国特色社会主义先行示范区放宽市场准入若干特别措施的意见》（发改体改〔2022〕135 号）、《深圳市关于加快建设国际消费中心城市的若干措施》（深商务规〔2022〕2 号）
	工作目标	依托综合授权改革试点，贯彻新发展理念，坚持创新驱动、融合发展，借助深圳跨境电商产业优势，加快全市直播电商高质量发展，助力深圳建成国际消费中心城市，推动深圳成为具有国际影响力的直播电商之都
	主要量化指标	直播电商头部服务机构：100 个以上；直播电商基地和园区：50 个以上；开展自播业务的品牌企业：100 家以上；头部主播：50 名以上；直播达人：3 000 名以上；培育直播专业服务人才：10 000 名以上；直播电商销售额：3 000 亿元以上

要点分类		具体内容
深圳市	重点任务	加快直播电商基地建设；鼓励电商平台创新发展；打造直播专业服务生态；推动直播电商供需链建设；打造直播人才集聚高地；发挥公共服务体系优势；拓展直播电商应用场景；打造深圳直播电商 IP；营造直播电商发展氛围；强化直播技术创新引领；推动直播电商规范发展
	组织保障	加强组织领导；优化政策支持；坚持制度创新；发挥协会作用
贵州省	文件名称	贵州省商务厅、贵州省委网信办、贵州省农业农村厅关于印发《2024 贵州农村电商直播大行动实施方案》的通知
	制定机关	贵州省商务厅、中共贵州省委网络安全和信息化委员会办公室、贵州省农业农村厅
	公布日期	2024 年 6 月 25 日
	施行日期	2024 年 6 月 25 日
	活动目的	通过"政府引导、市场主导、广泛发动、主体参与"的形式，构建农村电商直播行动体系，推动贵州农村电商高质量发展，助力乡村振兴
	活动主题	和美乡村·数商兴农
	活动时间	2024 年 6 月—12 月
	主办单位	贵州省商务厅、贵州省委网信办、贵州省农业农村厅
	承办单位	贵州省国际电子商务中心，各市（州）商务、党委网信、农业农村部门，活动所在地县（区、市）人民政府，贵州电子商务产教融合共同体，省电子商务产业发展协会等
	支持单位	淘天集团、抖音、快手、京东、拼多多、小红书、微博、一码贵州等
	工作目标	培育 1 000 名农村电商直播带头人，孵化 100 个农村直播电商主体，推出 100 个农村直播场景及网红打卡点，推出 50 个乡村电商题材短视频，打造 30 款农村直播网货"爆品"，推动建设 30 个农村直播基地（服务中心）

要点分类		具体内容
贵州省	重点任务	组织举办一系列直播活动；培育一批农村电商直播带头人；孵化一批农村直播电商主体；推出一批农村电商直播场景及网红打卡点；推出一批乡村电商题材短视频；打造一批农村电商直播网货"爆品"；推动建设一批农村电商直播基地（农村电商直播服务中心）
	工作职责分工	明确贵州省商务厅、贵州省委网信办、贵州省农业农村厅、贵州省各市（州）及县（区、市）相关部门、相关行业商协会、贵州电子商务产教融合共同体、相关电商平台及电商相关主体企业的具体职责
	保障措施	加强组织领导；加强协作联动；加强宣传造势；加强政策引导；加强成效统计
江西省	文件名称	江西省商务厅关于印发促进直播电商高质量发展意见的通知
	制定机关	江西省商务厅
	公布日期	2023 年 8 月 30 日
	施行日期	2023 年 8 月 30 日
	发展目标	到 2025 年，建设 10 家年直播销售规模亿元以上的直播电商基地，培育 100 家年直播销售规模超千万元的 MCN 机构，打造 1 000 个年直播销量百万元以上的直播电商品牌，孵化 10 000 名粉丝数过万的带货主播，带动全省年直播销售额超 1 000 亿元
	重点任务	1. 建设直播电商基地；2. 培育直播电商企业；3. 构建直播电商供应链；4. 加强人才培育和引进；5. 创新直播电商投融资服务；6. 推动传统商贸转型；7. 赋能农产品网络上行；8. 促进赣品数字化出海；9. 深化与直播平台合作；10. 打造多元化应用场景；11. 举办直播电商系列活动；12. 加快新技术直播应用
	保障措施	1. 加强组织领导；2. 优化政策支持；3. 发挥协会作用；4. 加大宣传力度

要点分类		具体内容
江西省	文件名称	洛阳市发展直播电商行动计划（2023—2025年）
	制定机关	洛阳市人民政府办公室
	发文字号	洛政办〔2023〕16号
	公布日期	2023年3月29日
	施行日期	2023年3月29日
	总体要求	以习近平新时代中国特色社会主义思想为指导，推动直播电商成为集聚青年群体的"风口"产业
	发展目标	实施直播电商"十百千万亿"工程，到2025年，集聚形成直播电商示范基地20个以上、MCN机构100家以上、网红品牌或网红打卡地1 000个，孵化培育带货达人10 000人，带动相关产业从业人员30 000人以上，力争实现电商网络零售额突破千亿元目标
	主要任务	（一）直播电商"引领区+联动区"建设行动；（二）直播电商人才集聚行动；（三）直播电商品牌专项行动；（四）直播电商生态构建行动；（五）直播电商资源要素完备行动；（六）直播电商知名度提升行动
	保障措施	（一）加强组织领导；（二）强化政策支持；（三）完善监管体系；（四）强化宣传引导
德州市	文件名称	德州市加快直播电商发展若干措施
	制定机关	德州市人民政府
	发文字号	德政办字〔2023〕12号
	公布日期	2023年4月30日
	施行日期	2023年4月30日
	政策支持范围	依法依规从事直播电商运营、应用、专业配套服务的市场主体

要点分类		具体内容
德州市	支持直播电商主体培育	1. 对网络零售额增幅居前的县（市、区）给予奖励；2. 对采用直播方式销售产品的企业给予奖励；3. 对获得国家和省级认定的直播电商示范企业给予奖励；4. 对举办直播电商相关活动的机构给予奖励；5. 对 MCN 机构签约主播给予奖励；6. 对电商服务企业给予奖励
	支持直播电商园区（基地）建设	1. 对运营时间长、办公使用面积大、入驻企业多的电商产业园区给予奖励；2. 对直播基地面积大且网络零售额增长快的给予综合运营补贴
	支持电商项目引进	1. 对新引进或回迁的电商企业给予奖励；2. 对引进的电商平台给予政策支持；3. 对引进的第三方服务企业给予奖励
	支持直播电商人才队伍建设	1. 将电商直播纳入职业技能培训工种指导目录；2. 加大直播电商人才培训力度
	提升快递物流支撑能力	对寄递企业寄递运输直播电商本地地标农产品给予奖励
南通市通州区	文件名称	通州区支持直播电商产业高质量发展实施意见
	制定机关	南通市通州区人民政府
	发文字号	通政办发〔2022〕63 号
	公布日期	2022 年 12 月 27 日
	施行日期	2022 年 1 月 1 日
	实施直播电商主体集聚工程	支持电子商务园区、家纺直播基地等加强直播基础设施建设，吸引优质直播平台、MCN 机构入驻
	实施直播电商建链补链工程	1. 推动直播赋能产业供应链转型升级；2. 推动直播赋能线下实体商业提档升级；3. 推动直播赋能夜间经济繁荣发展；4. 推动直播赋能本乡本土品牌做大做强
	实施直播电商融合创新工程	培育专业直播电商平台，推动技术创新应用，发展"直播＋生活服务业""直播＋

义乌自贸区直播电商产业综合发展策略与展望

续表

要点分类		具体内容
珠海市	文件名称	关于促进珠海市直播电商经济高质量发展的实施意见
	制定机关	珠海市人民政府
	发布日期	2022 年 9 月 27 日
	施行日期	2022 年 9 月 27 日
	总体要求	以习近平新时代中国特色社会主义思想为指导，将发展直播电商经济作为激发新型消费潜能、赋能产业转型升级、打造区域性消费中心、贸易中心和采购中心的重要抓手，着力构建直播电商发展体系，构筑直播人才集聚高地，将珠海打造成为大湾区直播电商经济新引擎
	发展目标	到 2025 年，力争建成 1 个直播电商年销售规模破百亿和若干直播电商年销售规模 10 亿以上的直播电商产业园，引进培育 50 家重点直播电商产业链企业、2 000 名带货主播，带动珠海本土企业年度直播销售额突破 500 亿元
	主要任务	（一）建立健全直播电商生态体系；（二）营造直播电商良好发展氛围
	建立健全直播电商生态体系	1. 招引直播电商产业链；2. 打造直播电商园区（基地）；3. 引进培养直播电商人才；4. 市内因地制宜错位发展；5. 打造珠海直播产业带
	营造直播电商良好发展氛围	6. 打造珠海品牌 IP；7. 营造全品类直播的商业氛围；8. 推动行业规范发展
	保障措施	（一）建立工作机制；（二）强化属地推进；（三）加强财政保障
上海市	文件名称	上海市直播电商基地创建和评估管理办法（试行）
	制定机关	上海市商务委员会
	发文字号	沪商规〔2023〕8 号
	公布日期	2023 年 12 月 28 日
	施行日期	2024 年 1 月 1 日

要点分类		具体内容
上海市	条款	第一条　制定目的：推动直播电商高质量发展 第二条　定义：直播电商基地的定义及功能 第三条　管理职责：市商务委及区商务主管部门的职责 第四条　申报条件：运营主体资质、合规性、发展规划、基础设施、服务体系、直播生态、产业特色、新技术应用、促消费活动参与 第五条　申报材料：申报表、自评报告、证明材料、入驻企业名单、诚信承诺书 第六条　申报程序：通知发布、组织申报、专家评审、结果公示、结果公布 第七条　鼓励政策：各区结合自身定位出台支持政策 第八条　工作指导：区商务主管部门加强指导，掌握运营情况 第九条　监督管理：运营主体守法经营，接受监督管理 第十条　年度评估：A、B、C 三个等级，评估结果反馈与处理 第十一条　资格撤销：虚假信息、违规行为、违法行为等导致资格撤销 第十二条　解释权：由上海市商务委员会负责解释 第十三条　施行时间：2024 年 1 月 1 日起施行，有效期至 2026 年 1 月 1 日

义乌自贸区直播电商产业综合发展策略与展望

附录二　浙江省部分城市电商园区基本情况

所在城市	园区名称	所在区/县	园区面积/亩	注册企业/家
杭州市	中港电子商务园	萧山区	23	74
	东方电子商务园	上城区	106	1 562
	杭州下沙电子商务园	钱塘区	51	440
	清江路电子商务园	上城区	10	9
	咔淘电子商务园	萧山区	15	—
	简品电子商务园区	钱塘区	4	90
	东网电子商务园	上城区	42	5
	杭州电子商务产业园	西湖区	22	296
	杭州电子商务大厦	西湖区	15	103
	建华电子商务产业园	拱墅区	8	83
	稻香小镇电子商务创业园	建德市	7	7
	运河（国际）跨境电子商务园	拱墅区	6	3
	航达电子商务园	上城区	4	—
	国家电子商务标准园	西湖区	—	1
	杭州萧山园区新塘跨境电子商务园	萧山区	25	22
	余杭区首批电子商务集聚区	临平区	—	178
	杭州跨境贸易电子商务产业园	钱塘区	104	19

所在城市	园区名称	所在区/县	园区面积/亩	注册企业/家
杭州市	易淘电子商务园（易淘园）	萧山区	15	46
	姜家镇电子商务产业园	淳安县	—	49
	汇丰大厦-电子商务产业园	桐庐县	12	126
	杭州电子商务产业园2号园	西湖区	26	67
	天晨电子商务园2期	萧山区	10	67
	杭州汽配电子商务产业园	拱墅区	—	45
	中国跨境贸易电子商务产业园	拱墅区	26	184
	威坪镇电子商务产业园	淳安县	—	188
	浙江分水电子商务孵化园	桐庐县	8	12
	临安电子商务工业平台高虹光电产业示范园	临安区	—	48
	桐君街道电子商务众创孵化园	桐庐县	—	10
	大世界酒店用品电子商务产业园	上城区	—	33
	淳安县电子商务产业园（千岛湖科技创业园）	淳安县	25	340
	余杭区邮e邦跨境电子商务园区	临平区	—	18
	富阳银湖创新中心（中国跨境电子商务综合试验区富阳园区）	富阳区	81	1 460
	杭州空港跨境贸易电子商务产业园（保税大厦）	萧山区	25	1 276
	逸龙文化创意产业园（浙江省电子商务产业基地）	建德市	60	431
	中国（杭州）跨境电子商务综合试验区西湖园区（蒋村商务中心）	西湖区	65	368
	桐庐电子商务产业园（海陆世贸中心）	桐庐县	181	699

所在城市	园区名称	所在区/县	园区面积/亩	注册企业/家
杭州市	下城区电子商务产业园（星火科技园）	拱墅区	63	581
	中国（杭州）跨境电子商务综合试验区临安园区	临安区	34	309
	中国（杭州）跨境电子商务综合试验区·萧山开发区产业园	萧山区	23	84
	萧山经济技术开发区服务外包产业园（萧山跨境贸易电子商务园）	萧山区	47	44
	电商孵化中心	萧山区	—	—
	逸树电商	萧山区	—	6
	555 电商园	临平区	32	138
	正联电商园	萧山区	7	31
	运河汽车电商园	拱墅区	26	218
	东湖电商创意园	临平区	71	177
	518 创业电商园	临平区	19	47
	叶盛电商园	萧山区	—	3
	上塘电商小镇	拱墅区	5 890	4 896
	杭储电商园	萧山区	—	—
	启业电商园	临平区	19	117
	头蓬电商园区	钱塘区	5	—
	锐鹰电商园	萧山区	—	8
	新面孔电商产业园	滨江区	9	120
	兽王电商产业园	萧山区	15	96
	储荟居电商创意园	萧山区	3	1
	上塘电商创业小镇	拱墅区	—	35
	淘美电商产业园	萧山区	—	15
	富宏淘宝电商园	萧山区	35	248

所在城市	园区名称	所在区/县	园区面积/亩	注册企业/家
杭州市	众淘电商产业园	萧山区	15	83
	遥望直播电商产业园	余杭区	—	1 043
	上峰电商产业园	滨江区	85	450
	杭州恒生电商产业园	余杭区	17	75
	钱龙电商产业园	萧山区	36	40
	高至集合电商园	余杭区	12	8
	小微联盟电商创意园	临平区	7	—
	云沙电商产业园	钱塘区	—	—
	森马电商未来园区	余杭区	24	6
	浙西农产品旅游电商产业园	建德市	17	556
	西谷银湖电商直播产业基地	富阳区	14	5
	驿淘电商直播产业园	钱塘区	—	3
	临江科技孵化园（临江电商创业园）	钱塘区	17	4 390
	杭州恒山钢铁电商产业园	拱墅区	34	745
	建德浙西跨境电商产业园	建德市	12	139
	韵达速递桐庐电商产业园	桐庐县	78	13
	大慈岩镇电商产业园	建德市	14	—
	建德市航空小镇电商产业园	建德市	—	21
	华星正淘跨境电商产业园	临平区	39	33
	中国良渚直播电商产业园	余杭区	5	10
	杭州众帮直播电商产业园	钱塘区	14	337
	开发区电商孵化园	临平区	36	203
	杭州555电商创意产业园	临平区	29	157
	杭州森湖跨境电商产业园	拱墅区	20	61
	文源电商创意产业园	拱墅区	32	5
	锦锐伦电商产业园	富阳区	39	14
	浙江文体市场电商文化园区	上城区	4	9

所在城市	园区名称	所在区/县	园区面积/亩	注册企业/家
杭州市	中国TOP直播电商产业园（浙江国际影视中心）	萧山区	98	85
	智新塘文化创意园（东瑞电商产业园）	萧山区	60	71
金华市	约克电子商务基地	武义县	—	—
	义乌电子商务园	义乌市	35	167
	尖峰电子商务园	金东区	161	8
	菁英电子商务产业园	婺城区	106	527
	聚云电子商务创业基地	浦江县	—	28
	金华电子商务创业园	婺城区	8	91
	龙回国际电子商务村	义乌市	465	1 545
	商城创业园电子商务区	义乌市	56	339
	韵达电子商务园	金东区	12	2
	中盐义乌淘哥电子商务园（义乌城西电子商务科技园）	义乌市	195	127
	淘源电子商务科技园	义乌市	4	11
	e电园义乌电子商务孵化园	义乌市	26	255
	兰溪颐农电子商务产业园	兰溪市	5	59
	浦江智联电子商务产业园	浦江县	14	42
	金华农产品电子商务产业园	金东区	—	38
	圣穗电子商务产业园	义乌市	—	2
	兰溪市水亭畲族乡电子商务园	兰溪市	—	—
	金华电子商务创业园玉泉分园	婺城区	23	134
	义乌苏溪电子商务产业园	义乌市	11	80
	东阳市莱通电子商务园	东阳市	13	6
	兰溪市青年电子商务创业基地	兰溪市	11	4
	浙江易镭电子商务工业园	义乌市	32	480

所在城市	园区名称	所在区/县	园区面积/亩	注册企业/家
金华市	创智汇跨境电子商务园	义乌市	27	139
	福田电子商务产业园（东青路）	义乌市	6	50
	浙江金义邮政电子商务示范园	金东区	50	29
	天彩电子商务文化创意园	金东区	22	12
	兰溪经济开发区电子商务创业园	兰溪市	27	74
	义乌幸福里国际电子商务产业园 A2	义乌市	65	1 001
	栖梦里跨境电商园（栖梦里电子商务园）	义乌市	51	157
	浦江县万家跨境电子商务产业园	浦江县	—	25
	志勤光学科技园（稠江新纪元电子商务产业园）	义乌市	32	157
	义乌跨境电子商务产业园易家园区（易家跨境电商园区）	义乌市	35	123
	京东亚洲一号义乌电子商务产业园（京易跨境电商物流园）	义乌市	413	24
	海客电商园	义乌市	28	256
	义谷电商园（e谷电商园）	义乌市	42	179
	天蝎电商园	浦江县	15	14
	米兰电商园	浦江县	—	17
	义乌电商园	义乌市	53	71
	云栖电商园	义乌市	32	78
	鼎客电商园	义乌市	28	74
	拨浪鼓电商园	义乌市	5	81
	凯姿电商园	东阳市	12	40
	青口电商园	义乌市	6	19
	智慧电商创业园	武义县	—	7
	赤溪电商园	兰溪市	—	—

义乌自贸区直播电商产业综合发展策略与展望

所在城市	园区名称	所在区/县	园区面积/亩	注册企业/家
金华市	易镭电商园	义乌市	51	117
	金鸿电商园	义乌市	10	56
	雅岚电商园	义乌市	16	47
	蓝德电商园	永康市	3	16
	莉思电商园	义乌市	—	102
	中宝电商园	义乌市	40	11
	越秀跨境电商园	义乌市	9	52
	秀禾电商园	义乌市	14	35
	唐臣电商园	义乌市	—	12
	e 电园·电商大厦 D 区	义乌市	20	173
	开泰电商园（阿曼达国际集团跨境电商园）	义乌市	10	93
	昆隆电商产业园	义乌市	54	336
	坤弘电商创业园	义乌市	22	196
	千秋电商创业园	义乌市	—	38
	原字弹电商创业园	义乌市	7	19
	昆隆云创电商园	义乌市	5	19
	聚衣堂电商园	浦江县	36	1
	浦江邮政跨境电商创业园	浦江县	4	—
	国际陆港电商城（陆港电商小镇）	义乌市	203	2 959
	激创智慧电商创业园	义乌市	16	111
	昆隆国际电商园 C	义乌市	6	37
	檀溪电商创业园	浦江县	—	7
	武义农村电商创业园	武义县	165	147
	稠江跨境电商创业园	义乌市	51	174
	神洲创业·金华电商园	婺城区	27	94
	捷都电商产业园	义乌市	24	46

所在城市	园区名称	所在区/县	园区面积/亩	注册企业/家
金华市	716电商双创园	义乌市	17	41
	琳多电商创业园	义乌市	68	8
	义乌跨境电商产业园	义乌市	34	—
	金瑞电商创汇园	金东区	12	6
	兰溪小城故事电商园	兰溪市	—	38
	和天下电商园1区（跨境电商园）	义乌市	8	44
	爱德玛电商园	义乌市	8	70
	万家跨境电商园	浦江县	—	25
	力行农产品电商园	兰溪市	—	2
	中国（义乌）跨境电商产业园	义乌市	—	366
	良库文创官塘电商园	义乌市	10	—
	东阳市跨境电商产业园	东阳市	43	166
	福田跨境电商小微创业园	义乌市	37	63
	澜蓝汇·博品电商园	义乌市	6	57
	浙江武义金威盾电商创业园	武义县	12	36
	创佳电商园（创佳产业园）	义乌市	28	149
	义乌市笑莱电商产业园	义乌市	11	53
	东阳市数字电商产业园	东阳市	9	89
	华旭现代母婴电商产业园	金东区	233	1
	永康五金跨境电商创业园	永康市	202	678
	新业云谷电商产业园	义乌市	129	417
	中汽·汽车城电商创业园	东阳市	3	116
	康美义佳电商产业园	义乌市	—	47
	栖梦里跨境电商园（栖梦里电子商务园）	义乌市	51	157
	金华市三分田农村电商创业园	婺城区	20	12

所在城市	园区名称	所在区/县	园区面积/亩	注册企业/家
金华市	跨界电商园（K+跨界互联网文创园）	义乌市	31	400
	东阳红木家具馆（浙兴电商产业园）	东阳市	92	224
	科贸文创园（科贸文创电商园）	婺城区	46	9
	菜鸟·金华电商产业园（阿里巴巴菜鸟园）	金东区	850	57
	理康电商园（东苑特色工业园）	义乌市	16	136
	义乌跨境电子商务产业园易家园区（易家跨境电商园区）	义乌市	35	123
	中国·义乌江北下朱电商小镇（飞瀑国际网红直播孵化基地）	义乌市	285	1276
	京东亚洲一号义乌电子商务产业园（京易跨境电商物流园）	义乌市	413	24
宁波市	澳洲电子商务园区	江北区	3	9
	欧琳电子商务园	鄞州区	104	69
	石浦电子商务创业园	象山县	8	15
	宁波跨境贸易电子商务基地	北仑区	138	65
	e电子商务产业园	慈溪市	8	—
	中国（宁波）跨境贸易电子商务产业园区	海曙区	16	483
	余姚阳明电子商务产业园	余姚市	22	185
	宁波电子商务产业园–亚虎园	江北区	84	36
	宁海县电子商务产业园	宁海县	—	9
	象山县电子商务创业园	象山县	26	134
	镇海区（跨境）电子商务产业园	镇海区	28	100
	奉化电子商务园（驿淘电商园）	奉化区	25	16
	掌起镇电子商务产业园	慈溪市	—	15

所在城市	园区名称	所在区/县	园区面积/亩	注册企业/家
宁波市	宁波（国际）电子商务产业园（海曙区众创空间）	海曙区	30	99
	宁波市电子商务产业园区（丽园北路）	海曙区	21	2 040
	宁波电商经济创新园区（中国宁波电子商务城）	江北区	14	1 184
	（宁波）邮政星盟跨境电子商务产业园	江北区	58	15
	北仑区青年创业孵化园（北仑区电子商务产业基地）	北仑区	4	139
	959电商园（鄞州区电子商务示范园区）	鄞州区	51	159
	鄞州（首南）电子商务创业园（鄞州区人才公寓）	鄞州区	40	65
	慈溪市农产品电子商务孵化园	慈溪市	11	14
	余姚市电子商务产业园（宁波市大学生创业园）	余姚市	34	161
	云格格电商园	鄞州区	19	100
	特奥电商园	慈溪市	27	26
	优淘电商园	海曙区	23	42
	泗门电商园	余姚市	1	—
	慈谷电商园	江北区	44	3 048
	盛威电商园	北仑区	104	354
	北仑跨境电商园区	北仑区	76	127
	中欧电商产业园	鄞州区	—	185
	e港（跨境）电商园	北仑区	29	21
	文山创意广场（文山电商园）	余姚市	80	117
	宁波e淘电商园	鄞州区	30	107

续表

所在城市	园区名称	所在区/县	园区面积/亩	注册企业/家
宁波市	世创电商园区（电商创客孵化基地）	镇海区	16	4
	鄞州跨境电商集聚区	鄞州区	36	47
	奉化跨境电商产业园	奉化区	27	4
	宁波市农产品电商运营中心·宁波市农村电商孵化园	鄞州区	3	—
	浙江飞智电商创业园（四明菜场）	余姚市	18	157
	万众电商直播孵化基地	慈溪市	—	1
	奉化电子商务园（驿淘电商园）	奉化区	25	16
	NB568 电商产业园	鄞州区	32	137
	泗门镇万圣电商园	余姚市	—	33
	滨海电商园（盛世龙湖商业中心）	慈溪市	29	36
	余姚市群创电商园	余姚市	—	7
	宁波中东欧邮政跨境电商创新园	慈溪市	36	5
	雷度·北创跨境电商园	北仑区	13	7
	宁波前洋 618 创新园（宁波前洋跨境电商生态园）	江北区	32	880
	959 电商园（鄞州区电子商务示范园区）	鄞州区	51	159
	宁波电商经济创新园区（中国宁波电子商务城）	江北区	14	1 184
	宁波海创园（望春电商产业园）	海曙区	40	115
	慈溪市直播电商基地产业园	慈溪市	—	20
	慈溪 e 点电商产业园（世纪美居装饰广场）	慈溪市	60	20
	宁波电商经济创新园区外滩中心（豪成国际）	江北区	10	—
	余姚市优农小妹电商直播创业园	余姚市	—	—

所在城市	园区名称	所在区/县	园区面积/亩	注册企业/家
温州市	电子商务生态园	瓯海区	6	18
	温州国智电子商务产业园	瓯海区	5	5
	泰利物流集团电子商务创业园	永嘉县	—	3
	乐清市电子商务产业园	乐清市	9	24
	鑫朝电子商务产业园	洞头区	—	—
	温州农业电子商务产业园（温州粮食中心市场）	龙湾区	241	574
	温州市站前电子商务创业园（新都大厦）	鹿城区	9	454
	宏伟电商园	乐清市	—	20
	开创电商园	平阳县	6	12
	华仪电商园	乐清市	13	135
	农村电商创业园	泰顺县	—	109
	久丰电商园	鹿城区	6	68
	新度电商园	乐清市	—	29
	巴度电商园	乐清市	14	16
	鑫集电商园	瑞安市	18	4
	虹兴电商创业园	乐清市	19	132
	瑞鸟电商产业园	平阳县	157	3
	罗拉电商产业园	永嘉县	—	5
	卓讯电商有限公司	平阳县	—	4
	温州电商直播产业园	瓯海区	11	62
	智德跨境电商园区	瓯海区	22	56
	易达江南电商园	瑞安市	89	1
	温州青年电商产业园	龙湾区	45	116
	浙报传媒瑞安电商文创园（瑞安日报万事好电商园）	瑞安市	33	78

所在城市	园区名称	所在区/县	园区面积/亩	注册企业/家
温州市	瑞安市云江电商产业园区	瑞安市	37	1
	苍南云创电商孵化园	苍南县	2	3
	兴道电商直播产业园	瓯海区	—	37
	鹿城跨境电商园（坚士大厦）	鹿城区	8	34
	中国娅莱娅电商梦创园	瑞安市	30	2
	跃华电商金融产业园	乐清市	—	89
	华京家居建材创意电商园	乐清市	24	8
	瑞安跨境电商产业园（瑞安麒麟阁）	瑞安市	11	57
	农村电商新零售产业园	泰顺县	—	119
	望里镇跨境电商创业园	苍南县	6	—
	三农供销合作电商园	瑞安市	5	1

参考文献

[1] 王硕.新时代中国对外开放理论与实践的创新研究[D].济南:山东师范大学.2023.

[2] 党君,马俊树.网络直播 App 使用行为对线上购买意愿的影响机制研究[J].新闻大学,2021(5):95-105,124-125.

[3] 龙腾飞.RCEP 背景下中国跨境直播电商发展竞争力分析——基于波特的钻石模型[J].现代商业,2024,11(24):16-19.

[4] 王宸圆.RCEP 视角下义乌跨境电商直播高质量发展路径研究[J].现代商贸工业,2023,44(24):47-49.

[5] PETTYRE,CAClOPPO J T. The elaboration likelihood model of persuasionyl[J]. Advances in Experimental Social Psvchology,1986(19):123-205.

[6] 刘凤军,孟陆,陈斯允,等.网红直播对消费者购买意愿的影响及其机制研究[J].管理学报,2020(1):94-104.

[7] MCGINNIES E. lnitial atitude,source credibility,and involvement as factors in persuasion7[J]. Lournal of Experimental Social Psychology,1973,9(4):285-296.

[8] BANSAL H S,VOYER P A. Word-of-mouth proceses within a services purchase decision context 1[J]. Lournal of Service Research,2000,3(2):166-177.

[9] 范岳亚."直播自习室":新媒介技术下的空间组合与超人际互动[J].重庆文理学院学报(社会科学版),2020(6):86-95.

[10] 杨丽洲.“直播+电商”模式下农产品购买意愿影响因素的模型构建[J].现代商业,2021(35):84-86.

[11] 朱新英.电商直播互动特征对顾客购买意愿的影响研究[J].全国流通经济,2021(29):32-34.

[12] 崔剑峰.感知风险对消费者网络冲动购买的影响[J].社会科学战线,2019(4):254-258.

[13] 孟陆,刘凤军,陈斯允等.我可以唤起你吗——不同类型直播网红信息源特性对消费者购买意愿的影响机制研究[J].南开管理评论,2020(1):131-143.

[14] 赵保国,王耘丰.电商主播特征对消费者购买意愿的影响[J].商业研究,2021(1):1-6.

[15] PARK H J,LIN L M. The effects of match-ups on the consumer attitudes toward internet celebrities and their livestreaming contents in the context of product endorsement[J]. Journal of Retailing and Consumer Services,2020(52):1-6.

[16] 知乎:义乌的电商真的好做吗？[EB/OL].[2024-05-28]. https://www.zhihu.com/question/585301637/answer/2911296978.

[17] 杨志文,袁涌波.主动融入新发展格局助力高能级开放大省建设——义乌的探索实践及其启示[J].浙江经济,2023(10):49-51.

[18] 姚林青,虞海侠.直播带货的繁荣与乱象[J].人民论坛,2020(25):85-87.

[19] 易开刚,厉飞芹.平台经济视域下商业舞弊行为的协同治理——问题透视、治理框架与路径创新[J].天津商业大学学报,2017,37(3):43-47,68.

[20] 王宸圆.RCEP视角下义乌跨境电商直播高质量发展路径研究[J].现代商贸工业,2023,44(24):47-49.

[21] 高凯,钟肖英.电商直播带货产业高质量发展提升路径研究[J],商业经济,2024(6):53-57.

[22] 徐振祥,吴文涛.电商直播发展乱象及其治理[J].新闻传播,2024(9):54-56.

[23] 黎思好.电商直播行业存在的问题及改进策略[J].产业创新研究,2023(23):102-104.

[24] 王钰铮,王超,王晓华.基于产业链生态的直播电商风险与对策建议[J].商业经济,2022(11):118-120,139.

[25] 苏晓坤.网络直播带货行业的政府监管问题研究[D].北京:北京邮电大学,2022.

[26] 杭州平均每244个人就有一个主播平台经济打造就业"蓄水池"[EB/OL].[2024-06-20].https://hznews.hangzhou.com.cn/jingji/content/2024-03/13/content_8700443_2.htm.

[27] 直播电商行业处于全国第二梯队,深圳如何破局?[EB/OL].[2024-06-20].https://new.qq.com/rain/a/20230705A07HLA00.

[28] 2023年上海拥有超5.23万个活跃直播间直播零售额同比增长超20%[EB/OL].[2024-07-25].https://fddi.fudan.edu.cn/3e/39/c18985a671289/page.htm.

[29] 郑州新消费产业园区揭牌运营河南直播电商节来了[EB/OL].[2024-07-25].http://henan.people.com.cn/n2/2023/0921/c351638-40578662.html.

[30] 2023年,重庆电商零售额同比增长22.8%[EB/OL].[2024-07-25].https://city.sina.cn/finance/2024-06-08/detail-inaxznxc2594776.d.html.

[31] 直播电商三大动向:主播买地盖楼迎来"强监管"[EB/OL].[2024-07-25].https://mp.weixin.qq.com/s/YdpruRyZJ1G4V6TDT5nENQ.

[32] 张晓琪,徐伟,高长贵.主播失范行为对消费者购买意愿的影响研究[J].商业经济研究,2024(17):48-52.

[33] 胡春华,陈皖,周艳菊,等.基于演化博弈的直播电商监管机制研究[J].管理科学学报,2023,26(6):126-141.

[34] 王辰宇,孙静春,史思雨.电商平台中销售模式选择与直播营销策略研究[J].管理工程学报,2023,37(5):190-199.

[35] 黄玉波.直播营销综合治理的框架及创新[J].人民论坛,2023(6):107-109.

[36] 万方.网络直播营销平台监管权运行的困境及其破解[J].法商研究,2023,40(2):146-158.

[37] 袁海霞,张怡琳,白琳,等.虚拟数字人对直播参与行为影响的机制及边界条件研究[J].管理学报,2024,21(12):1849-1859.

[38] 张艳,杨蕊竹,孟浩,等.新形势下直播零售商业模式研究[J].商业经济研究,2024(24):26-28.

[39] 秦芬,郭海玲.AI虚拟主播对消费者购买意愿的影响研究[J].企业经济,2025,44(1):89-98.

[40] 李亘,许加彪.解析流量密码:基于电商直播带货的研究[J].传媒,2024(15):70-72.

[41] 郭文强,梁蕴泽,雷明.直播电商下厂家、MCN机构及主播动态运营策略[J].管理工程学报,2024,38(6):275-289.

[42] 喻国明,李彪,杨雅,.电商行业内容生态的现状、问题与治理对策[J].新闻与写作,2023(3):73-81.

[43] 赵耀.新零售业态消费驱动与发展趋势探讨——基于社交网红电商视角[J].商业经济研究,2023(5):46-49.

[44] 丁国峰.协同共治视角下网络直播带货法律治理体系的构建[J].学术论坛,2024,47(2):18-31.

[45]　何鹏,尚琦,王先甲,等."直播+"背景下考虑平台监管的电商供应链演化博弈分析[J].系统工程理论与实践,2023,43(8):2366-2379.

[46]　史小今,李川,刘希兰,等.网络直播电商对实体经济的影响研究[J].价格理论与实践,2024(9):175-181,228.

[47]　罗敏纯.电商直播对品牌亲密度的影响机制探究[J].青年记者,2023(12):113-115.

[48]　依绍华.数字经济时代下流通业态创新:机制、方式与建议[J].价格理论与实践,2024(10):27-32.

[49]　程永伟.直播带货的合作模式与决策优化[J].中国管理科学,2024,32(5):297-306.

[50]　马骥腾,张蕾.论直播电商的困境与突围——以网红主播李佳琦直播为例[J].新闻爱好者,2024(1):73-76.

[51]　肖勇波,王旭红,喻静,等.直播电商:管理挑战与潜在研究方向[EB/OL].[2024-08-13].https://doi.org/10.16381/j.cnki.issn1003-207x.2021.1113.

[52]　秦雪冰.制度伦理规制:直播电商广告信用监管的本质及其实现[J].湖北大学学报(哲学社会科学版),2024,51(5):167-175.

[53]　翟娟娟,韩军涛.网红经济视域下消费者购买行为的形成机理[J].商业经济研究,2023(12):63-66.

[54]　邱科达,宋姗姗,张李义.我国直播电商政策量化分析与优化建议[J].当代经济管理,2024,46(4):24-36.

[55]　冯华.直播电商产业存在的问题和治理对策[J].人民论坛,2023(6):104-106.

[56]　程开玮.直播带货下半场"东方甄选"的破圈启示[J].传媒,2024(3):75-77.

[57]　马瑞杰,朱永明.内容为王:新媒体视域下的电商直播制胜之道[J].新闻爱好者,2023(9):84-87.

［58］ 李光明,闫佳悦.带货主播的市场素养及其对消费者购买意愿的影响[J].哈尔滨商业大学学报(社会科学版),2023(4):59-70.

［59］ 王文姬,李勇坚.电商平台促进消费扩容提质的机理与对策建议[J].行政管理改革,2023(12):49-56.

［60］ 季为民.网络主播的职业特点、风险挑战与良性发展路径[J].人民论坛,2025(3):96-100.

［61］ 常耀中.电商直播带货治理模式的结构、成效与转变——交易费用理论视角[J].经济与管理,2024,38(2):49-57.

［62］ 赵晶,闫育东,高江航,.课程思政融入高校体育课教学的本源回归、价值塑造与路径思考[J].体育学刊,2021,28(5):89-93.

［63］ 唐大鹏,王伯伦,刘翌晨."数智"时代会计教育重构:供需矛盾与要素创新[J].会计研究,2020(12):180-182.

［64］ 李天健,李伟.数字产业集群发展:竞争优势重塑与政策范式重构[J].经济学家,2025(2):35-44.

［65］ 李勇坚,刘宗豪,张海汝.产业生态系统视角下新质生产力发展内在逻辑及形成机制[J].改革,2025(1):26-39.

［66］ 尹西明,钱雅婷,武沛琦,等.数据要素向新质生产力转化的理论逻辑与典型实践路径研究[EB/OL].[2024-12-31].https://doi.org/10.20201/j.cnki.ssstm.20241231.001.

［67］ 耿红军,李京栋,王昶.未来技术产业化的政策作用路径研究[J].经济学家,2024(12):64-73.

［68］ 李勇坚.数字平台生态系统赋能新质生产力形成:价值逻辑、作用路径与政策进路[J].学术论坛,2025,48(1):13-24.

［69］ 付雅梅,任保平.中国产业数字化的理论逻辑、特征事实及突破路径[J].经济体制改革,2024(6):5-13.

［70］ 夏杰长,陶鸠.数字产业集群创新与演化研究[J].财经问题研究,2025(1):3-14.

[71] 田莉,王宏起,杨仲基,等.新兴产业创新生态系统数字化升级路径[J].科技管理研究,2024,44(22):113-121.

[72] 董晓波,何昌磊.电子商务发展能否提升城市创业活力?——基于创业生态系统理论视角[J].首都经济贸易大学学报,2025,27(1):67-84.

[73] 向秋兰,蔡绍洪.产业生态化与中国式现代化发展[EB/OL].[2025-02-05].http://kns.cnki.net/kcms/detail/52.1156.F.20250205.1143.002.html.

义乌自贸区直播电商产业综合发展策略与展望